一　公儀《こうぎ》御法度《ごはつと》を恐《おそ》れ地頭《ぢとう》代官《だいくわん》の事をおろそかに
存ぜず扨又名主《なぬし》組頭《くみがしら》をば真《まこと》の親《おや》とおもふべき事。
一　名主組頭を仕《つかまつ》る者は地頭代官の事を大切《たいせつ》に存じ。
年貢《ねんぐ》を能済《すま》し。
公儀御法度を背《そむ》かず。小百姓《ひやくせう》身《み》持を能仕るやうに
申渡すべし。[illegible]又名主身持《しんもち》をかゝり自分《じぶん》不《ぶ》作《さ》法《はう》はいへば。
小百姓り[illegible]
公儀御用の事[illegible]ゐても。あなどり用《もち》ひざるものなり

監修者——五味文彦／佐藤信／高埜利彦／宮地正人／吉田伸之

［カバー表写真］
四季農耕絵
（明治26年湯本七左衛門画，複製）

［カバー裏写真］
林述斎画像

［扉写真］
岩村藩版「慶安御触書」

日本史リブレット 38

慶安の触書は出されたか

Yamamoto Eiji
山本英二

目次

教科書に見る慶安の触書

慶安《けいあん》の触書《ふれがき》といえば、一六四九(慶安二)年に、江戸幕府が全国に発布したという農村法令で、歴史の教科書なら必ずといっていいほど史料つきで引用される、江戸時代で最も有名な法令である。いわく朝は早く起きろ、酒や茶を買って飲んではいけない、どんなに美しい女房であっても大茶を飲み、物参りや遊《ゆ》山《さん》好きなものは離別せよなど、江戸時代の農民の日常生活について細部にわたって規制している(九〇〜九一ページ参照)。

しかしこの慶安の触書、発令されたはずの一六四九年当時の現物が、全国のどこからも発見されたことがない不思議な史料なのである。誰も見たことがないにもかかわらず、誰もがみんな知っている慶安の触書。どうしてこんな現象が起こるのだろうか。みんなが知っている理由は簡単である。それは歴史の教科書に載っているからである。

だが載っているとはいえ、最近の教科書では、慎重な記述が目立つようになってきた。二〇〇二(平成十四)年度から、公立学校では完全週五日制が導入された。これにともない学習指導要領は大幅に改訂され、教科書も、教科内容は三割削減となった。そこで参考に「中学校社会科　歴史的分野」をながめてみよう。二〇〇二年度から使用されている教科書は全部で八社八種類ある。このうち本文で慶安の触書について記述しないものが五社と過半数を超えている。しかも二社の教科書では全く登場しない。史料引用のある場合でも、一六四九年に幕府が出したと伝えられる、というように判断保留のまま掲載するのが四社、また発令年次に触れないで引用するのが一社である。一六四九年二月二十六日に幕府が発令したと明記しているのは、たった一社しかない。

実際のところ、すでに高等学校用の教科書では、一九九四年度の学習指導要領の導入段階において、多くの出版社が疑問点の注記を付けたり、一六四九年発令と明記しなくなっていた。それがついに義務教育にまで確実に浸透してき

●──2002年度版「中学校社会科　歴史的分野」慶安の触書記述一覧

出版社	本　　文	史料名	注　　記
東京書籍	×	慶安の御触書	百姓の生活心得 幕府が1649(慶安 2)年に出したと伝えられる触書です
教育出版	×	慶安の御触書	幕府が 1649(慶安 2)年に出したと伝えられる触書
清水書院	農民は田畑の売買を禁じられ、日常生活においても、農作業にはげむこころえから、衣類や食事などの面にいたるまで細かい指示や規制をうけた	農民むけお触書	慶安 2 (1649)年にだされたという「慶安のお触書」
帝国書院	×	×	×
日本書籍	×	慶安の触書	1649(慶安 2)年に幕府が公布したと伝えられるもの
日本文教出版	田畑の売買は禁止され、生活のあらゆる面にわたって御触書で細かいきまりが定められていた	農民への御触書	1649(慶安 2)年 2月 26 日
大阪書籍	さらに、御触書を出して田畑の売買を禁止し、倹約をすすめるなど、生活のあらゆる面にわたって細かいきまりをさだめました	慶安の御触書	×
扶桑社	×	×	×

注：×は記述なし。

たのである。

では慶安の触書は、一六四九年の幕府法令として実在したのか。それとも後世の創作物、つまり偽文書だったのか。なぜ疑問があるにもかかわらず、教科書に載り続けているのだろうか。こうした慶安の触書にまつわる謎解きに、今からお付き合いいただこうと思う。

①――研究史の中の慶安の触書

つきまとう疑問

慶安の触書に関する議論は、今に始まったことではない。そもそも近世史研究の出発点から疑惑はつきまとっていた。さかのぼると明治時代の歴史学者である内藤耻叟《ないとうちそう》▲が、すでに否定説を述べているのである。内藤は水戸藩出身で、維新後、一八八六〜九一(明治十九〜二十四)年の六年間、帝国大学文科大学▲教授を務めた人物である。その彼の代表作に徳川一五代将軍の事績をまとめた『徳川十五代史』がある。同書第四編、一六四九(慶安二)年二月二十六日条に次のような記載が見える。

> 二十六日、郷村ニ令ス、此令文尤長文ニシテ、文中イブカシキコトモアレバ、今ハ之ヲ刪《ケズ》ル、此月、検地條例ヲ定ム、事詳カニ食貨志略ニアラハス、

「郷村ニ令ス」とあるのは、ほかでもない慶安の触書が発令されたことを指す。内藤は、慶安の触書を幕府法令としては疑問を感じていたらしく、その著書か

▼**内藤耻叟**　一八二七〜一九〇三年。通称は弥太夫。碧海と号した。もともと水戸藩の家臣で、軍用掛、弘道館教授などを務める。維新後は帝国大学文科大学教授となる。

▼**帝国大学文科大学**　一八八六年の帝国大学令によって設置された分科大学のひとつ。法・医・工・文・理・農の六つの分科大学があった。現在の東京大学の前身。一九一八年の大学令まで存続。

ら削除したのである。令文が長文であること、文中にいぶかしい点がある、というのがその理由である。では内藤の疑問は、いったいどこから生じたのだろうか。

調べてみると、東京都公文書館に保存されている内藤耻叟旧蔵史料『碧海淵《へきかいえん》璣《き》』に、慶安の触書が綴じられていることがわかった。しかもその第七冊目の裏表紙には、内藤自身の注目すべき次の書き込みがあった。

慶安御触書　此触書ハ幕府より出たるにはあらず、領主のふれ書なるべし、

町法被仰渡書　これは寛政町法改正の触書なり、

内藤は、『徳川十五代史』執筆にあたって収集した古文書や筆写した史料を、彼の号である「碧海」の名をとって整理した。そのなかに慶安の触書があった。この触書は、世上最も多く流布した一八三〇(文政十三)年三月に出版された美濃国岩村藩のものである。これを見た内藤は、幕府が出したものではない、領主が出した触書だろうと見破ったのである。触書に対する内藤の疑念は、『徳川十五代史』執筆にあたって参照した『徳川実紀▲』の厳密な校訂作業と、岩村藩

●――『碧海淵璣』第七冊裏表紙内藤耻叟の書き込み。

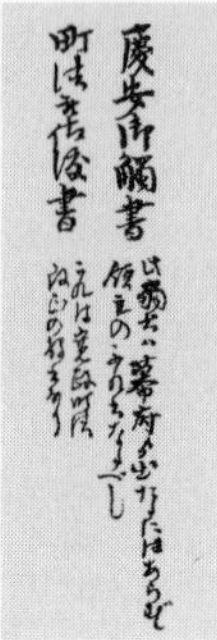

▼徳川実紀　江戸幕府が編纂した徳川将軍家の正史。初代家康から一一代家治までを記載する。監修は幕府学問所総裁の林述斎。一八〇九年に編纂が開始され、一八四三年に完成した。

版触書の実見調査から生じたものだったのである。さらに寛政改革に際して、老中松平定信により印刷を命じられた『町法被仰渡書《ちょうほうおおせわたされしょ》』が一緒に綴じてあるのは意味深長である(詳細は後述)。

『徳川十五代史』第四編は、一八九三年の発行だから、じつに今から一〇〇年以上も前に、内藤耻叟は慶安の触書にまつわる疑惑を指摘していたのである。だが内藤の疑問は全く注目されなかった。なぜなら十九世紀末の人々からすれば、江戸時代はついこの間の出来事でしかなく、研究の対象とは到底考えもされなかったからである。

疑わしきは罰せず

江戸時代、それも農村についての歴史研究が本格化するのはせいぜい第二次大戦後のことである。一九四五(昭和二十)年の敗戦を契機に、農地改革が実施され、農村では民主化が進められた。すると封建遺制を克服するという現実的課題を究明する手段として、江戸時代の村落史研究が注目されはじめたのである。そして一九五九年、本格的な慶安の触書疑問説が登場する。提起したのは榎本宗次《えのもとそうじ》である。榎本は、雑誌『歴史評論』第一〇六号に「『慶安御触書』考」と題する論文を発表し、五つの疑義を提出した。

(1)慶安の触書は、一八三五(天保六)年に編纂された『教令類纂《るいさん》』と、同じく後期に編まれたと推定される『条令拾遺《しゅうい》』に「百姓身持之覚書」の題名で収録されるだけで、『御触書寛保集成《おふれがきかんぽしゅうせい》』や正徳年間(一七一一〜一六)以前のものといわれる『御当家令条《ごとうけれいじょう》』に採録されないのは、当時慶安の触書が未成立であった証拠である。また三二カ条という条文の長さは当時のものとしては異例である。

(2)慶安の触書が幕府の法令として一六四九(慶安二)年に出されたのであれば、同年以後の五人組帳前書に忠実に反映されるはずであるのに、慶安の触書を踏襲した五人組帳前書がほとんど存在しない。唯一、一六五〇年の信濃国佐久郡下桜井村《しもさくらい》(現長野県佐久市)の五人組帳前書が類似するだけである。しかも下桜井村のものにしても、似ているのは数カ条に過ぎず、さらに文章も同内容・同字句とはいえない。

(3)慶安の触書は農民生活についての網羅的触書にもかかわらず、近世初期の法令に欠かせない田畑永代売買禁止令とキリシタン禁制についての条文が見

▼**教令類纂**　江戸幕府の法令集。幕府先手頭《さきてがしら》宮崎成身《みやざきなるみ》が私的に編集した。初集と二集の二部から構成される。

▼**条令拾遺**　文政年間(一八一八〜三〇)頃には成立していた法令集。収録法令は、一五八九年を上限に、下限を一六七一年とし、全五四項目からなる。『条令』と称する全四冊の法令集の補遺として編集された。編纂者未詳。

▼**御触書寛保集成**　八代将軍徳川吉宗のときに編纂された江戸幕府の公式法令集。一七四四年完成。本文五〇巻・目録一巻からなる。

▼**御当家令条**　江戸時代前期の私撰法令集。全部で三七巻。一五九七年から一六九六年までの幕府法令を収める。『令条記』『令条』ともいう。

当たらない。

(4)慶安の触書が一六四九年に本当に出されたのであれば、同年以後の農政・地方関係の著書や記録に引用されるはずなのに、その形跡はない。

(5)慶安の触書の個別条文には、庄屋の衣類制限に触れていない、商い心の要求は慶安年間の実状にそぐわないなどの矛盾点があり、またたばこに関する法令は、十七世紀前半~中頃の法令では作付制限であって、慶安の触書のような禁煙・喫煙に関するものではない。

榎本の指摘は、今となってはあてはまらないところもあるが、従来全く疑われることすらなかった慶安の触書について、逐一根拠を掲げて批判している点で評価できる。とはいうものの榎本説は、慶安の触書とはそもそも何であるのか、あるいは後世の創作なのかについては触れることがない。結局榎本は疑義を提出したものの、一六四九年の幕府法令でないとすればいったい何であるのかという肝心の結論を示さなかった。つまるところ疑わしいというだけでは、罰することはできないのである。

▼五人組帳前書　五人組帳とは、江戸幕府の治安・行政単位である五人組について、村単位で毎年作成した帳簿。五人組帳の冒頭に、百姓が守るべき事項を箇条書きしたのが前書である。一種の法令集であり、名主ら村役人が定期的に口頭で読み聞かせた。

見つからない触書、解決しない疑問

榎本説が認知されなかった理由はほかにもある。一九五九(昭和三十四)年といえば、農村に残された近世文書の調査はまだ始まったばかりであった。だから今後調査が進めば、いつかどこかで見つかるはずだと、研究者たちは楽観していた。しかし一〇年、二〇年そして三〇年経っても、日本のどこからも発令当時の現物は見つからなかった。この現物未発見という事実こそ、慶安の触書否定論の最大の根拠なのである。こうした学界の空気を察するかのように登場したのが丸山雍成《まるやまやすなり》説である。

一九九〇(平成二)年八月、丸山は、一七八二(天明二)年甲斐国巨摩郡亀沢《かめさわ》村(現山梨県甲斐市)に伝来した「百姓身持書」二五カ条を紹介した。従来慶安の触書に関わる書写本は、金井圓《かないまどか》によって発掘された信濃国高井郡矢島《やじま》村(現長野県小布施町)須山家の寛政年間(一七八九〜一八〇一)と推定されたものが最も古いとされていた。丸山はわずかとはいえ写本の年代をさかのぼらせたのである。

丸山は、この一七八二年の写本を分析して、おそらく宝暦〜天明期(一七五一〜八九)の農村構造の変質に直面して、本百姓体制の再編・維持の必要性を身に

▼豪農・半プロ論　封建制から資本主義に移行するときに起こる農民層分解の特殊日本的形態を論じたもの。豪農は、村役人を務めながら、商品経済の発達とともに商人・高利貸・地主として成長した日本型富農。半プロは、労働力を販売しなければ生活できない下層の農民で、村落に滞留した。

しみて感じた幕領の特定代官が、近世初〜中期の幕府法令、五人組帳前書、あるいは特定教諭書などを参考にしつつ、新たに農村教諭書＝「百姓身持書」を作成し、これがほどなく注目され、修正・増補のうえ、慶安の触書と銘打ち流布されたのではないかと推論したのである。

丸山説の登場は、榎本説いらい膠着状態にあった論争に、新出史料の提示による新たな問題を提起した。それに豪農・半プロ論▲に代表されるように、幕藩制の転換を宝暦〜天明期に求める近世史の主要学説もあって、説得力をもって受け止められるかに見えた。しかしこの丸山説には、致命的な欠陥があった。なぜなら慶安の触書は三二カ条、ところが「百姓身持書」は二五カ条しかなかったのである。この条文数の違いはいったいどこからきているのか。丸山論文にはその考察が欠けていたのである。

この疑問を解決したのが神崎直美《かんざきなおみ》である。神崎によると、丸山が紹介した一七八二年の「百姓身持書」二五カ条本は、いわゆる慶安の触書三二カ条のうち、第五条から第一一条が転写の過程で脱落したもので、転写するにあたって参照された原本の存在する可能性があると指摘した。そして、これこそ一六四九

（慶安二）年幕府発令の慶安の触書ではないかとした。さらに神崎は、慶安の触書の流布本を網羅的に検討して、もともとは『条令拾遺』にある「百姓身持之覚書」が発布当初の題名に近いこと、慶安の触書との題名は後世の命名であると主張した。そして慶安の触書の原本が見つからず、『御触書寛保集成』など後世の幕府法令集に収録されていないのは、長い年月の間に火災等で幕府に伝来しなかったからであると結論した。

神崎説の登場により、論争は一〇〇年の時を経て、ふたたび振り出しに戻ったのである。

②——慶安の触書の源流

一六九七年甲府徳川藩「百姓身持之覚書」の再発見

では戦後五〇年以上を過ぎたというのに見つからなかったものを、いったいどうやって見つけたらいいのだろうか。江戸時代の村▲は、全国でおよそ六万カ村もあったのだから、それを一人の人間が調べていたのではあまりに非現実的である。それに古文書自体、火事や地震などの天災や廃棄処分などの危機をくぐり抜けて生き残ってきた幸運な過去の痕跡である。だから不幸にも散佚《さんいつ》してしまった古文書は見たくても見ることはできない。かといって真実は永遠にわからないわけではない。不思議なことに、先に見たような論争が展開され、慶安の触書に対する疑問が広く知られるようになると、それまで見過ごされてきたものが突然見えてくるのである。

研究のきっかけは、ほんの偶然だった。忘れもしない一九九二(平成四)年八月二十九日早朝、翌月に甲州史料調査会▲で報告を控えていたわたしは、古文書の写真を撮影するため、山梨県立図書館郷土資料室に向かうべく、新宿発甲府

▼**江戸時代の村**　百姓の家屋敷から構成され、田畑と山林原野などを含みこむ小社会。領主支配の末端機構であると同時に、地縁共同体でもある。十七世紀末には全国で六万余り存在した。

▼**甲州史料調査会**　地域史料の保存にかかわる民間調査団体。一九九一年発足。埋没史料を発掘し、その破壊や散佚を防ぎ、現状を尊重した史料調査のありかたを追求している。

行きの特急に乗った。途中八王子駅を過ぎ、車内検札も済ませたところで、カメラの三脚を忘れてきたことに気づいた。結局、図書館についたものの、目的の写真撮影はできなかった。あきらめて仕方なしに書棚に配架されている自治体史の総めくりをすることにした。一冊ずつめくっていくうち、『甲西町誌』資料編に収められたひとつの史料に目が留まった。その史料とは第五四号、一六九七(元禄十)年「百姓身持之覚書」、所蔵先は山梨県中巨摩郡甲西町(現南アルプス市)江原《えばら》の内藤家である。おやっと思って内容を確認すると、条文は全部で三二カ条、わずかに奥書が違っているだけで慶安の触書と全く同じだった。これはおかしい。こんなに古い年号を持つ慶安の触書の関連写本があっていいのだろうか。たしか日本で一番古い写本は一七八二(天明二)年「百姓身持書」ではなかったのか。どうして十七世紀末のものが、それも甲斐国に残されているのだろうか。そういえば最近、慶安の触書は後世の創作物だとする学説が有力だったはずだ。そこで改めて文書をながめてみると、次のような奥書があることに気づいた。

一、この書付、名主替り目の時分、年番の名主宅へ大小の惣百姓呼集め、

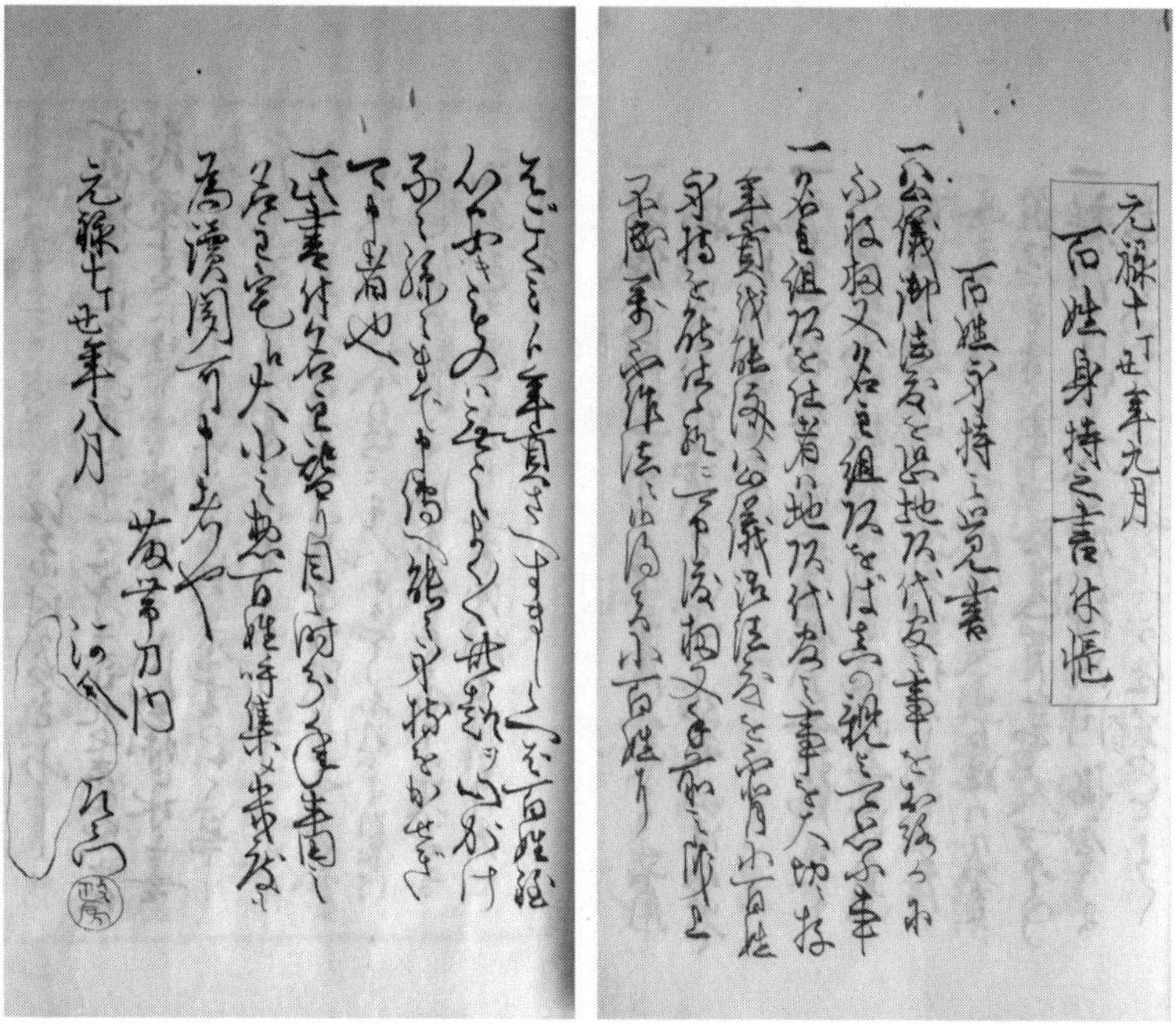

●──「百姓身持之覚書」冒頭(右)と奥書部分

幾度も読み聞かせ申すべき者なり、

元禄十丁丑年八月

藤帯刀内

河合［(六郎)］左衛門(印影)

江原村名主中

この史料は、一六九七年に「百姓身持之覚書」のタイトルで発令された。従来慶安の触書関連の写本は、一七八二年「百姓身持書」が上限とされていたが、本史料によって一六九七年まで八五年もさかのぼることになった。ちなみに一六九七年と一六四九(慶安二)年とは四八年の時間差である。以下、これを所蔵者の名前を借りて「内藤本」と呼ぶことにしよう。

内藤本の差出人にある「藤帯刀」は、一六九七年当時、甲斐国甲府藩主だった徳川綱豊《つなとよ》の家臣、藤枝帯刀方教《ふじえだたてわきかたのり》のことである。藤枝方教は、前甲府藩主徳川綱重《つなしげ》の従兄弟で、一七〇二年以降、甲州巨摩郡北山《きたやま》筋・西郡《にしごおり》筋・逸見《へみ》筋に合わせて五〇〇〇石を拝領している。河合六郎左衛門は藤枝氏の代官である。つまり慶安の触書は、近世中期以降の創作物などではなく、かといって一六四九年発令の幕府法令でもない。一六九七年甲府徳川藩▲領内に公布された「百姓身

▼**甲府徳川藩**　甲府城を藩庁とする親藩。一六五一年に三代将軍家光の三男綱重を藩祖として成立。当初二五万石、のち三五万石となる。所領は、甲斐・信濃を中心に、武蔵・駿河・近江・大和にも散在する。一七〇四年、藩主綱豊(六代将軍家宣)が五代将軍綱吉の後継者となり、江戸城に入るまで存続した。

●—徳川綱豊(六代将軍家宣)

持之覚書」と題する藩法だったのである。それに丸山が紹介した一七八二年「百姓身持書」も、さかのぼれば甲府徳川藩領であった甲斐国巨摩郡亀沢村に伝来していたことになる。さらに慶安の触書と類似した一六五〇年五人組帳前書がある信濃国佐久郡下桜井村も、やはり幕府直轄領から甲府徳川藩領になったところである。つまり慶安の触書発祥地は、甲府徳川藩領周辺という可能性が高くなったのである。

「百姓身持之覚書」の時代性と地域性

「百姓身持之覚書」なる史料が、元禄年間(一六八八〜一七〇四)に甲府藩領だった村に残っていただけでは安心できない。この史料が、元禄期にふさわしい時代性と甲府藩領の地域性を満たしているかどうかを証明しなければ説得的ではないのである。そこで以下のキーワード、(1)村役人呼称、(2)差紙、(3)いもの落葉、(4)鍬の先掛け、に注目して分析を加えてみよう。

(1)村役人呼称

まずは村役人呼称である。「百姓身持之覚書」で使われているのは、名主、組頭、それに長百姓である。このうち最も多く登場するのが「名主」と「組頭」である。『地方凡例録《じかたはんれいろく》』▲には、「村役人の唱を、関東にては名主・組頭と云ひ、五人組の筆頭を判頭《はんがしら》と云ひ、上方・遠国は庄屋・年寄と唱へ（中略）又庄屋・長百《おとなひゃく》姓《しょう》と云処もあり、甲州などは、名主・長百姓と云ひ、西国筋にては庄屋或は別当と云所もあり」とある。

つまり村役人の呼称は、関東つまり東日本では、名主と組頭が使われることが多く、上方・遠国すなわち西日本では庄屋・年寄が一般的だという。「百姓身持之覚書」では、名主・組頭がもっぱら使用されるから、本史料が東日本地域において成立したことを示す。さらにいえば、『地方凡例録』には、わざわざ甲州では名主・長百姓が村役人呼称に使われると記してある。たしかに「長百姓」文言は、村落上層の有力百姓を指すものとして近世初頭から全国に広く見られる呼称である。だがそれが、村役人の呼称として使われている地域は多くない。ちなみに甲州の年貢割付状▲や年貢皆済目録《ねんぐかいさいもくろく》▲では、宛先に名主・長百姓・惣百姓を使用する場合が多い。

長百姓は、「百姓身持之覚書」を見ると、第一五条に「又ハ名主・組頭・長百

▼地方凡例録　高崎藩士大石久敬が編纂した農政書。一七九一年起筆されるも、一七九四年久敬の死により中絶。現存するのは一一巻。

▼年貢割付状　領主が村に対して発行する年貢の請求書。毎年十月頃作成された。決算制度を採る江戸時代の村では、最も大切に保存された。

▼年貢皆済目録　領主が村に対して発行する年貢の領収証。早ければ十二月、多くは年明けの二～三月頃に作成された。

姓並一郷の惣百姓ニにくまれ候ハぬ様ニ」とあり、また第三〇条に「名主・長百姓をはじめ」と二カ所に長百姓が登場する。この長百姓こそ、甲府徳川藩領の主たる支配管轄である甲斐国の地域性を示すものなのである。甲府徳川藩は、三代将軍徳川家光の三男綱重を初代とし、一六五一(慶安四)年に成立している。拝領当初は「厨料《くりやりょう》」あるいは「賄料《まかないりょう》」と表現されるように、地方支配業務は、甲府徳川藩領以前から甲斐国内に存在していた幕府代官を、そのまま甲府徳川藩領の代官に採用したもので、事実上幕府代官へ業務を委託する、支配の内実をともなわないものであった。やがて一六六一(寛文元)年、代官など自前の家政機構を整え、上層家臣団には地方知行を与え、名実共に藩体制は整備された。そして時を同じくして長百姓を母体とする年番名主制度▲が導入される。甲府徳川藩領の年番名主制は、藩の政策として上から導入されたのである。「百姓身持之覚書」の奥書に、名主替り目の時分に年番の名主宅へ大小の惣百姓を集めて、幾度も読み聞かせよとあるのは、この甲府徳川藩領の事情を考慮して初めて理解される。覚書が八月付けになっているのも、年番名主の交替の季節がちょうど八月だからである。

▼**年番名主制度**　江戸時代の名主の交代制度。もともと特定の家筋によって世襲されていた名主だが、一般の百姓の要求や領主の指示により、一年交代で役目を果たすようになった。多くの地域では十八世紀以降に顕著に見られる。

ついでにいうと、村役人呼称に「百姓代」が登場しないのも、時代性を示している。もともと「百姓代」は「惣百姓代」のことで、寛文・延宝期(一六六一〜八一)には登場してくる。それが村役人呼称として定着し、広範に確認されるのは、十八世紀以降、享保年間(一七一六〜三六)のことである。よって十八世紀を下ることはあり得ない。

(2)差紙

つぎに差紙《さしがみ》である。地域性と時代性をあらわす表現に第二四条「年貢を出し候儀、反別ニかけてハ、壱反ニ付何程、高ニかけてハ壱石ニ何程と、割付・差紙、地頭・代官よりも出し候」との条文がある。ここで差紙といわれているものは、通常いわれる、裁判などの際に奉行所から出される召喚状のことではなく、年貢割付状のことである。この差紙(指紙)もまた、甲府徳川藩領では広く採用された名称である。甲斐国内における年貢割付状の表題に、「指紙」と明記されるのは、確認できた範囲では一六四八〜六〇(慶安元〜万治三)年にかけてのものにみられる。そして、年貢割付状を差紙と呼んだ下限年代は、一七〇五(宝永二)年で、前年に甲府徳川家の当主綱豊(後の六代将軍家宣)が、将軍の後継者として江戸城西の丸へ入り、かわって甲府城には川越から柳沢吉保が転封した直後である。柳沢氏時代の甲斐国の年貢割付状は「免定《めんじょう》」と呼ばれるようになり、差紙・指紙との表記はみられなくなる。

目を隣国の信濃国に転じると、十七世紀前半の一六二三〜二九（元和九〜寛永六）年にかけて、佐久郡周辺に年貢割付状を指紙と呼んでいるところがある。ほかに甲州や信州以外では、十七世紀後半の上野国吾妻郡沼田藩真田領内や上野国藤岡領・前橋領・大胡《おおご》東領・伊勢崎領で表題に「指紙」とある年貢割付状が確認でき、駿河・遠江国あたりが使用例の西限である。よって年貢割付状を「指紙」と呼ぶのは、東日本の特徴といえる。

(3)いもの落葉

第一一条に、飢饉の時を思えば、大豆の葉・小豆の葉・ささげの葉・いもの落葉など、無駄にしてしまうのはもったいないことだという条文がある。この場合いもといえば、サトイモ、サツマイモ、ジャガイモが思い浮かぶ。このうちサツマイモは、享保年間に青木昆陽▲の献策によって全国的に奨励されたのだから、一六九七年の法令に登場する可能性はない。それにサツマイモはヒルガ

▼**青木昆陽**　一六九八〜一七六九年。江戸時代中期の儒学者・蘭学者。通称は文蔵。サツマイモの栽培を全国に奨励したことで知られる。徳川吉宗によって幕府の儒学者に登用され、書物奉行を務めた。

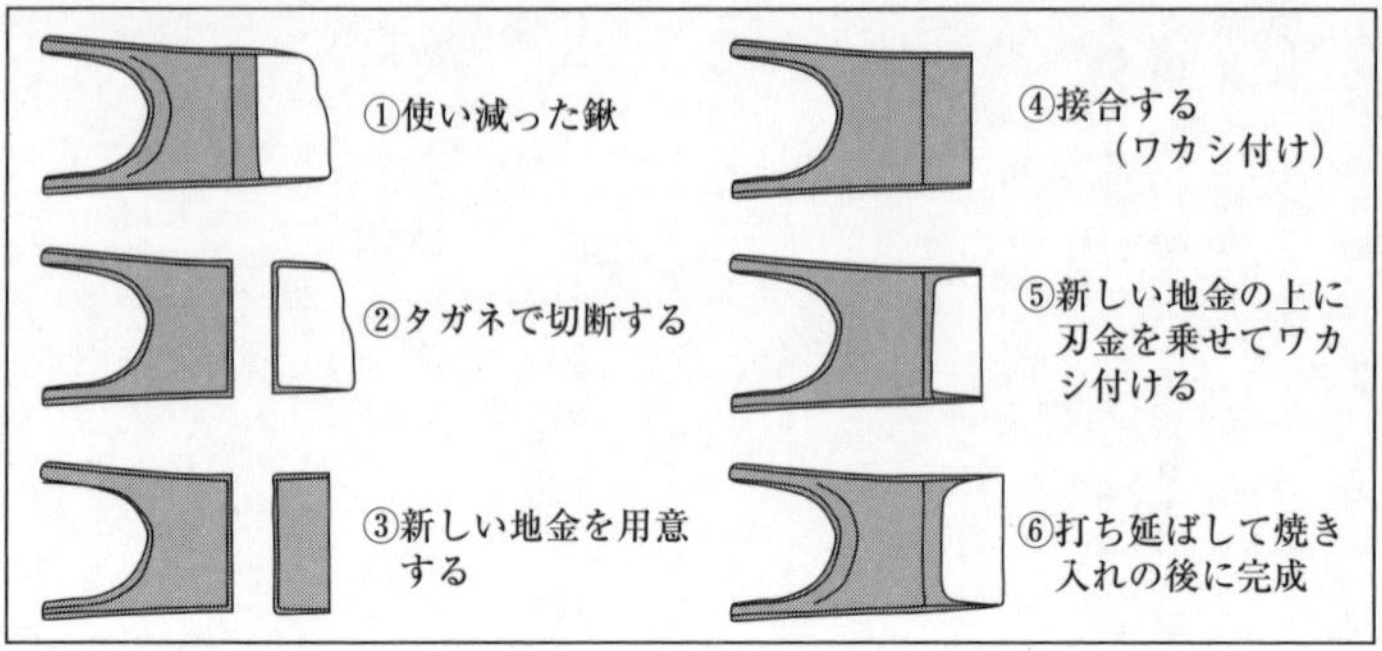

①使い減った鍬
②タガネで切断する
③新しい地金を用意する
④接合する（ワカシ付け）
⑤新しい地金の上に刃金を乗せてワカシ付ける
⑥打ち延ばして焼き入れの後に完成

●―鍬の先掛け　朝岡康二『鍛冶の民俗技術　増補版』より

オ科つる性多年草だから、いもの落葉という表現はあてはまらない。ジャガイモはナス科の多年草で、やはり葉を食用とするには違和感がある。やはり、「いもの落葉」というときのいもは、サトイモだろう。サトイモならサツマイモやジャガイモが日本に普及するはるか昔から栽培されているし、サトイモの葉柄も落葉というにふさわしく、また十分食用に耐えうる。やはり「百姓身持之覚書」は十八世紀を下ることはない。

(4)鍬の先掛け

第九条に正月十一日前に鍬の先を掛けよという条文がある。鍬の先掛けというのは、一年間農作業に使用されて摩耗した鍬の先端に、新たに刃金を付け直して修理することである。この鍬の先掛けは、東日本と西日本とでは回数が異なる。西日本では、春と秋の彼岸前に二度おこなわれたのに対し、東日本では、旧暦の正月前に一回しかおこなわれない。

西日本で二度おこなわれたのは、まずその土壌の違いもさることながら、二毛作が普及していたことが大きい。二毛作の普及していない東日本では、秋の収穫を終えた後、鍬などの農具は、翌年の春田打ちまで休息をとり、英気を養うものと考えられた。そして村や町の鍛冶屋には近隣の村々から沢山の鍬が集められ、新たに先掛けをしてもらうことが道具の年取りと呼ばれる一種の年中行事として認識されていた。このことからも「百姓身持之覚書」は、東日本を対象とするものだったといえるのである。

③—謎が謎を呼ぶ別本「百姓身持之事」

寄せられた新情報

このように、一六九七(元禄十)年の「百姓身持之覚書」は、残存状況といい、時代性と地域性を備えた内容といい、慶安の触書の源流にふさわしい史料であることが明らかとなった。そして一九九四(平成六)年、内藤本に関する論文を『山梨県史研究』第二号に発表したところ、その紹介記事が地元新聞に掲載された。これで慶安の触書の謎はひとまず解決されたと思ったその矢先、新たな情報が山梨県史編纂室に飛び込んできた。

新聞記事を見た方が、山梨県白根町(現南アルプス市)の町誌編纂に携わった際に、慶安の触書を同町百々《どうどう》の秋山家で見たというのである。これを聞いたわたしはあわてた。慶安の触書＝一六九七年甲府徳川藩法説は、あえなく消滅してしまうのか。期待と不安が入り混じったまま、さっそく県史編纂室の事務局とともに秋山家にうかがった。そこには「御水帳箱」と墨書された木製の文書箱があり、おそるおそる探していくと検地帳に混じって、それは発見された。帳面

●──秋山公雄家文書
右上の木箱が御水帳箱

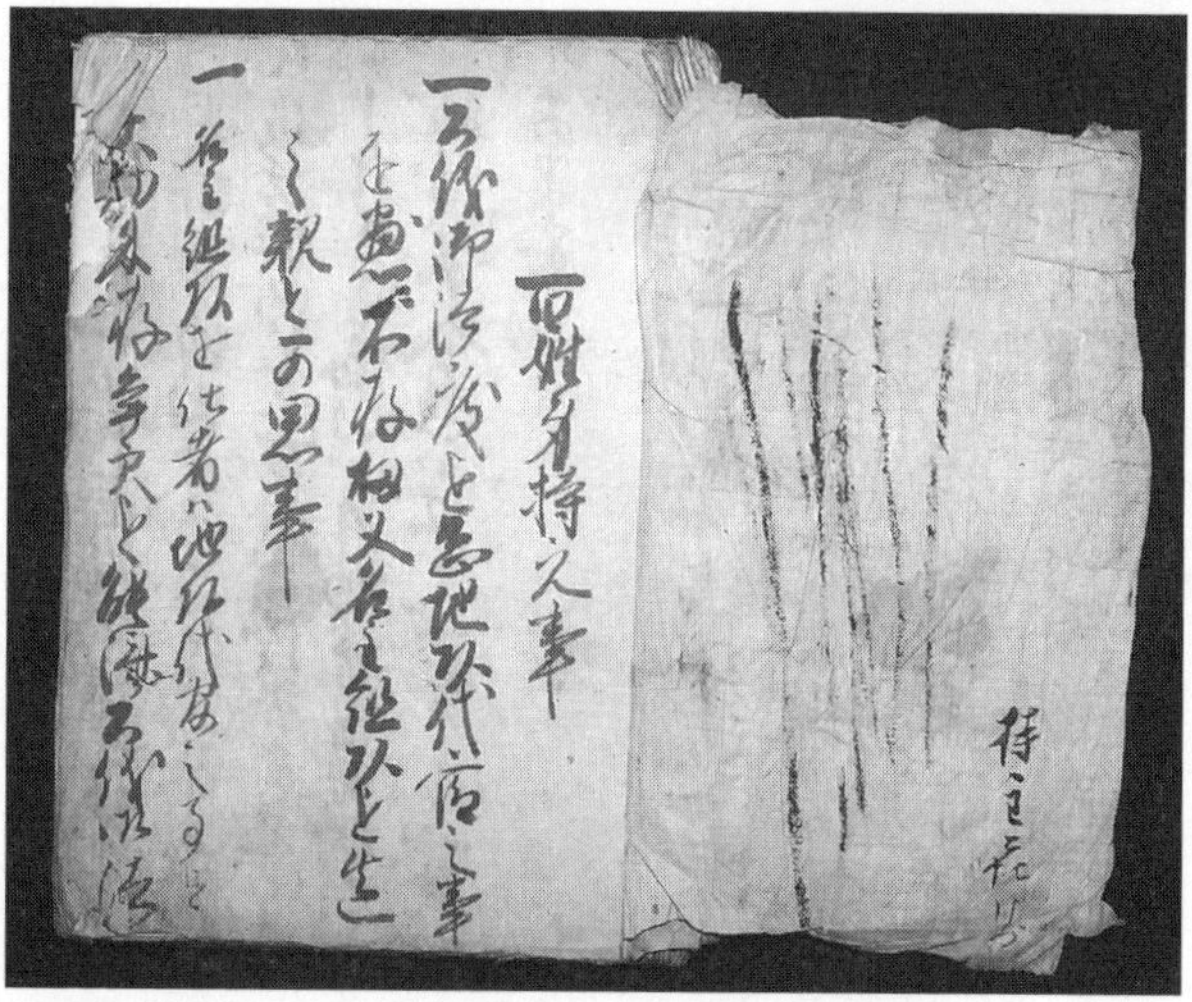

●──秋山本「百姓身持之事」

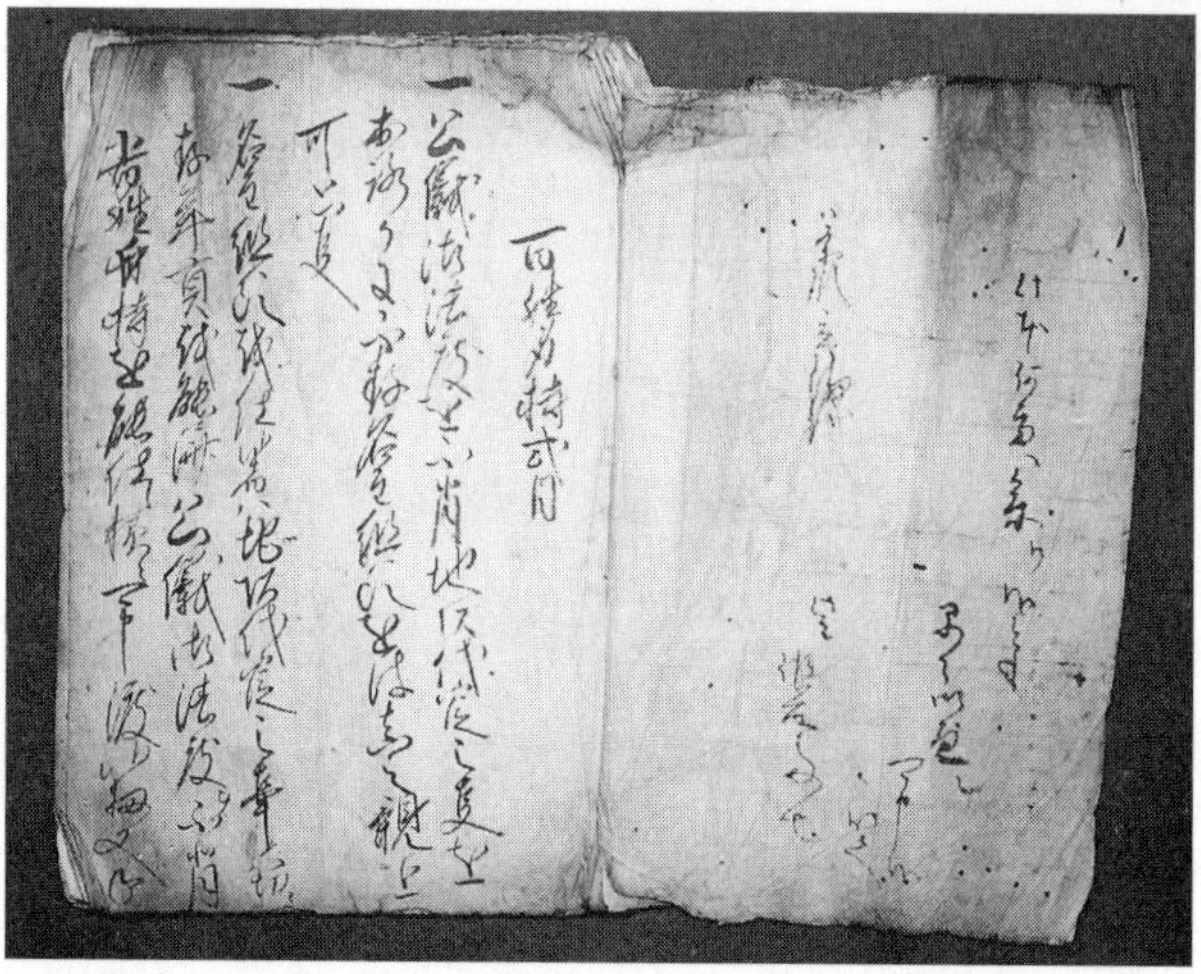

●──佐藤本「百姓身持式目」

▼竪冊　江戸時代の冊子型帳簿。美濃紙を半分に折って綴じた竪型のものをいう。

は全部で墨付き二九丁の竪冊▲で、条文は全部で三一カ条。表紙を見ると「百姓身持之事」（以下、秋山本）と書かれている。残念なことに年号はどこにも見あたらない。表紙の見返しを見ると、そこに後筆で「持主　喜左衛門」と所蔵者のものと思しき名前が書かれてあった。調べてみると、喜左衛門の名前は、享保期（一七一六〜三六）に百々村の村役人として出てくることがわかった。ということは大きく見積もって十七世紀後半の成立であることはまちがいない。それに持ち主の名前があるということは、村の共有文書でなく、手習い本の類だろう。

さらに一丁ずつめくっていくと、どうもおかしい。見たこともない文章がところどころに出てくる。下人の使用の心得に関する詳細な条文、あるいは牛馬の飼育方法など農業技術の規定などが目についた。「百姓身持之事」はいわゆる慶安の触書とは内容の異なる別本だったのである。心を落ち着かせてくわしく検討すると、やたらに誤字や脱字が目につく。どうやらこの秋山本を筆写するに際して底本となった史料があった可能性が高い。そう、じつは慶安の触書の源流である甲府徳川藩法「百姓身持之覚書」は、ある日突然に成文法化されたのではなく、「百姓身持之事」を原型としていたのだ。

それなら、かつて甲府徳川藩領だった地域に、秋山本系統の写本がまだ残されているはずだ。すぐに調べてみるとこの推測は的中した。ほぼ同じ史料が信濃国佐久郡牧布施《まきぶせ》村(現長野県佐久市)の土屋家にあることがわかった。なんとそれは、一九五五(昭和三十)年発行の市川雄一郎『江戸時代佐久地方の農村生活』巻末資料にすでに活字化されていたのである。この土屋本には、表題が欠けており、市川により「勧農御触書」と仮りにタイトルが付けられていて、一六六五(寛文五)年二月十四日の書写年代がはっきりと記されている。しかし市川は、「勧農御触書」を単なる慶安の触書の写しとしか考えず、加えてローカルな出版物のせいもあって、今日まで埋没してしまったのである。

ところで一九九四年は、ちょうどわたしが信州大学人文学部の教官として赴任した年にあたる。わたしはこの偶然と幸運に感謝しつつ、すぐさま望月町(現長野県佐久市)の土屋家を訪ねた。しかし同家に残されていたのは祝儀・不祝儀帳若干だけだった。尋ねると「勧農御触書」は、ほんの数年前に自宅を新築する際に、他の古文書とともに全て廃棄してしまったということであった。こうして、現存すれば最も古かったはずの慶安の触書関連写本は、不幸にも烏有に帰したのである。まさに痛恨の極みで、今も悔やまれてならない。

しかし幸いにも、最近の調査で、東京大学経済学部図書館文書室に、武蔵国埼玉郡八条《はちじょう》領立堀《たてのぼり》村（現埼玉県草加市）佐藤家旧蔵・一七七二（明和九）年正月「百姓身持式目」が、「百姓身持之事」系統の写本として伝来していたことが判明した（二五ページ参照）。これは表紙と裏表紙に佐藤多七の署名と、表紙の見返しに「この本何方へ参り候とも早々御返し申すべく候、以上」と記されており、貸本あるいは手習いとして出回っていた形跡が認められる。条文は、ほぼ土屋・秋山本と一致し、十八世紀後半には関東地方にも流布していたことがわかった。

となると、秋山本・土屋本・佐藤本を比較し、それぞれの史料の特徴を検討する必要がある。ではいったい原型本の「百姓身持之事」といわゆる慶安の触書として出回った「百姓身持之覚書」はどこがどう違うのだろうか。

表は、一六六五年「勧農御触書」（土屋本）、年未詳「百姓身持之事」（秋山本）、一七七二年「百姓身持式目」（佐藤本）、そして一六九七年「百姓身持之覚書」（内藤本）の条文の異同を比較対照したものである。これによると土屋本は全部で三

●―「百姓身持之事」諸本・「百姓身持之覚書」条文異同対照表

No.	1665年土屋本	秋山本	1772年佐藤本
1	公儀御法度	1	1
2	名主組頭を仕	2	2
3	名主心持我と	3	3
4	耕作ニ精入	4	4
5	酒茶を買呑	5	5
	村ニハ苗木	6	6
6	万種物秋初	7	7
7	正月十一日前	8	8
8	百姓ハこへ	9	9
9	百姓は分別も	10	10
10	家主子供下人	×	11
11	身体宜敷百姓	11	12
12	縦ハ作場へ出	12	13
13	何とぞ致牛馬	13	14・15・16
14	男ハ作をかせ	14	17
15	公儀御法度	15	18
16	百姓ハ衣類	16	19
17	少ハ商意も	17	20
18	身上よきもの	18	21
19	百姓の習邪ニ	19	22
20	庭をきれいニ	20	23
21	所ニハよるべ	21	24
22	春秋灸を致	22	25
23	たばこ呑申	23	26
24	年貢を出し	24	27
25	御年貢皆済	25	28
26	身持を悪敷	26	29
27	山方ハ山の	27	30
28	山方浦方ニハ	28	31
29	独身の百姓	29	32
30	夫婦懸むかひ	30	33
31	壱村の内ニ而	31	34
32	行衛も不知	×	35
33	何程身持を能	×	36
34	郷中の道橋	×	×
35	我心さへ能ハ	×	×

No.	百姓身持之覚書(1697年内藤本)
1	公儀御法度
2	名主・組頭を仕
3	名主心持我と
4	耕作ニ情を入
5	朝おきをいたし
6	酒茶を買のみ
7	里方ハ居屋敷
8	万たね物
9	正月十一日前
10	百姓ハこえ
11	百姓ハ分別
12	家主子供下人
13	牛馬者能キを
14	男ハ作をかせぎ
15	公儀御法度
16	百姓ハ衣類
17	少ハ商心も
18	身上成候者ハ
×	
19	屋敷之前之庭
20	作の功者成人
21	所にはよるべ
22	春秋灸をいた
23	たばこのみ申
24	年貢を出し候
25	御年貢皆済
26	身持を悪敷
27	山方ハ山之
28	山方浦方ニハ
29	独身之百姓
30	夫婦かけむかい
31	一村之内ニて
32	親ニ能々孝行
×	
×	
跋	右之ことく

注：実線はほぼ同じ条文，破線は変更された条文，波線は削除された条文を示す。

五カ条、それに対して秋山本は三一カ条、佐藤本は三六カ条とそれぞれ条文数が異なる。土屋本を基準にすると、秋山本は、第一〇・三二〜三五条の計五カ条が欠けている。佐藤本は、第三四・三五条が欠け、第一三条が三つに分割されているので、三六カ条になっている。逆に土屋本の第五条は、秋山・佐藤本の第五・六条を一カ条にまとめている。そして一六九七年の内藤本は、第三五条を改変して跋文にしているから、もともと慶安の触書の原型である「百姓身持之事」は、全三六カ条で構成されていたと推測できるのである（以下では、一六六五年「百姓身持之事」と統一）。

変更された条文・朝起きの奨励と下人

それでは、一六六五（寛文五）年にまでさかのぼる「百姓身持之事」と一六九七（元禄十）年「百姓身持之覚書」とでは、どこがどう違うのか。調べてみると、ある条文は削除されたり、内容を改めて収録されたのである。主に削除されたのは説諭的な部分である。いってみれば「百姓身持之覚書」が藩法だとしたら、「百姓身持之事」は地域的教諭書▲なのである。そこで具体的に変更された条文を

▼**教諭書**　庶民を教え諭すことを目的とする教訓書。幕藩領主が民衆を教化するために使用した。木版本で出版されたり、手習いの教科書として用いられた。

いくつか見ておくことにしよう。

慶安の触書（じつは一六九七年「百姓身持之覚書」）の第五条に、朝は早くから起きて草刈りをし、昼には田畑を耕作し、晩には縄を作ったり俵を編んだりして、油断しないで仕事をすること、という教科書によく使われる有名な条文がある。ところがこの条文は、一六六五年「百姓身持之事」には、全く違った形式で登場する。出てくるのは、土屋・秋山本第一一・一二条（佐藤本では第一二・一三条）である。

その内容といえば、第一一条は、下人や下女を七、八人も一〇人も召し使う身代の広い百姓は、仕事の指図ばかりして、下人に打ち任せ、おおかた作場へも見舞わないものがいる。身代のよいうちはそれでもいいが、その楽がつもりつもって、身上がすり切れはて、下人等も次第にすくなくなり、後日には自身で農作業をしなければならず、それまでの楽はみな水の泡になる。その時を想像して、普段から朝早起きをし、まず下人を草刈りにつかわし、帰ったら一緒に作場へ出て、農作業の指図をせよ。そうすれば下人等も油断なく稼ぐものである。

第一二条は、たとえば作場へ出たなら、明日は雨が降りそうなら、稲刈りや畑の種まきのように雨が降ったらできない仕事をまずしなさい。雨が降ったら田を耕したり修理をし、効率よく農作業をしなさい。そして下人には晩に縄をなわせたり、俵を編ませ、どんなことにも油断をしないこと。それから下人の辛苦を思いやって、少しは遊ばせたりすること。以上のように記されている。

このようにもともとの条文では、朝早く起きて働くのは百姓本人ではなく、彼らが使役する下男・下女たちだったのである。つまり「百姓身持之事」が念頭においていたのは、下人などの家内労働力を利用して大規模な農業経営をおこなう上層農民であった。じつは第二次大戦後、慶安の触書が注目された背景には、太閤検地論争▲に端を発する小農自立論▲があった。ここでいう小農とは、封建的小農民のことで、夫婦二人とその子供によって構成される単婚小家族経営を指している。そして単婚小家族経営の全面的に展開する時期が、十七世紀半ば以降、つまり一六四九(慶安二)年以降だと理解されていた。ところが本条は、明らかに慶安の触書が小農経営の展開を受けて出された、と見なす通説とは矛盾する。小農民よりも、むしろ小農や幕府によって否定・克服の対象にされて

▼太閤検地論争　豊臣秀吉によって実施された検地の歴史的意義をめぐる論争。太閤検地段階において純粋な封建制が確立したとみるか、それとも封建制が再編されたとみるかで論争が繰り広げられた。日本近世史研究にとって記念碑的な議論。

▼小農自立論　小農とは、封建的小農民のこと。夫婦と子供から構成される単婚小家族を基本形態とする。検地の施行により、一地一作人原則が確立すると、農民は実際に耕作している土地の名請が認められ、それまでの隷属的な地位から解放され自立した。小農は、先進地域では十七世紀初頭、中間・後進地域でも十七世紀の後半には自立を遂げた。

いたはずの、家父長制的大家族経営をおこなう村落上層農民たちを主眼に置く規定なのである。

それが一六九七年「百姓身持之覚書」では、小百姓を対象とする条文に改訂される。これなら中部・東海地域のような中間地帯では、十七世紀後半に小農自立が達成されるとする通説に抵触しない。

削除された付帯条項

つぎに商い心の問題である。慶安の触書＝「百姓身持之覚書」第一七条は、少しは商い心を持ち、身上を持ち上げるようにせよ、その理由は、年貢のために雑穀を売るにも、商い心がなければ人に出し抜かれてしまうものだ、と説いている。この条項をどう解釈するかについては古くから議論の的になってきた。たとえば榎本宗次《えのもとそうじ》は、慶安年間（一六四八～五二）に商品経済の展開を求めるのは矛盾だとして、本条を根拠に触書否定論を展開している。このように商い心の解釈は、幕藩制下の村落における商品経済の浸透をどの時期に求めるかという点にいきつく。もし仮に十七世紀前半、すなわち幕藩体制の成立当初から、商品経済の存在や浸透を認めてしまえば、江戸時代を封建制と見なす基本理解を危うくする可能性さえあるのである。

ところがこの矛盾は、一六六五(寛文五)年「百姓身持之事」を見ると簡単に解決する。じつをいうと本条文には、もともと「遠商《とおあきない》せんよりハ、冬田ニ水をかけよと古より世語にも申し伝へ候、冬田へ水かけ候へハ、地肥え、稲かふもくさり、その年の作能物ニ候事」という付帯条項があったものが、一六九七(元禄十)年「百姓身持之覚書」ではすべて削除されたのである。

もともと原文では、年貢を皆済するために雑穀類を売却しなくてはならず、他人に出し抜かれないためにも、また身上を持ち上げるためにも商い心が必要だと諭している。しかしそれより重要なのは、昔からことわざにあるように、遠商いをするよりは、冬枯れの田に水を張って稲株を腐らし、土地を肥えさせて翌年の収穫をあげるほうがよいというのである。つまりもとの文章では、商い心は、極めて限定的で消極的なものでしかなく、しかも商いとは「遠商」、すなわち遠隔地間商業のことを指していた。それが一六九七年段階になると、一般的規定として百姓に商い心を積極的に奨励する文章に変貌する。いってみれば付帯条項があるのとないのとでは、その意味するところが一八〇度異なってしまうのである。

しかし一六六五年段階にあった条項が一六九七年になって削除されたと考えると、まさに十七世紀後半の時代状況に適合するのである。というのは、十七世紀前半には、初期専売と呼ばれる藩権力による流通過程の直接掌握がおこなわれ、特産商品を独占的に集荷して、幕藩領主が遠隔地商業の利潤を独占していた。やがて農民ないし商人の手で、民間に商品流通機構が整備されると、初期専売制は姿を消して、領主は農民的商品流通を通じて運上《うんじょう》賦▲課などで貨幣を取得するようになる。この十七世紀後半にかけての農民的商品流通の担い手とは、在地と中央市場とにおける、遠隔地間に発生する地域的な商品価格差に利潤の源泉を見いだす投機的な商業者であった。彼ら問屋商人は、自ら集積した手荷物を、自己所有の手馬によって運搬する生産地地主にほかならなかった。やがて、こうした形態は、江戸・京・大坂といった三都における中央市場が形成され、そのもとで問屋仲間による分業が確立していくと次第に解消されていく。

▼**運上**　江戸時代の雑税の名目。主に商業や手工業者の支配や物価政策のために課された営業税。また農村にも小物成の一部として、十八世紀以降設定された。

こう考えると、一六六五年「百姓身持之事」では、商い心が消極的にしか推奨されなかったのは、投機的性格の強い遠隔地取引によるためである。反対に一六九七年「百姓身持之覚書」では、こうした遠隔商業が三都における問屋仲間の形成によって克服されつつあり、「商い心」が積極的に奨励されるようになったと解釈できるのである。

商い心と麦田

さらに興味深いのは、遠商いするより冬田に水を張れのことわざが流通していたのは、三河国から遠江国にかけての地域だったことである。

まず、一六八〇〜八二(延宝八〜天和二)年頃、遠州横須賀《よこすか》(現静岡県掛川市)地方周辺で成立したと推定されている農書『百姓伝記▲』には、「しらぬあきなひせんよりは、冬田に水をつゝめと世話に云り」とある。また一八三五(天保六)年に、三河国田原藩が作った『門田の栄《かどたのさかえ》▲』でも「世間にいふ、少々の金設けんより冬田に水をはれといへる」とか「少々の商ひをして銀を儲《もう》けんより、田に水をはれなどゝは往昔の人のいひ出せし事なるが、余りの戯言なり、かならず信用な

▼百姓伝記　一六八〇〜八二年頃、遠江国横須賀地方で成立したとされる農業技術書。全一五巻からなる。作者不詳。

▼門田の栄　一八三五年、三河国田原藩が領内に印刷・配布した農業技術書。同藩に招かれた農学者の大蔵永常の著述とされる。一説には同藩の家老渡辺崋山の作ともいわれる。

く二作取やう心がけ給へ、是天道さまへの御奉公なり」と記されている。この『門田の栄』は、天保の大飢饉によって疲弊した農村の復興策として渡辺崋山が流布させた農業技術指導に関わる木版本で、田原藩領内に西日本地域で広範に展開していた二毛作▲を奨励し、農業生産力を復活・向上させることに主眼がある。

ところが「百姓身持之事」の成立事情を考えると、麦田つまり二毛作の奨励と遠商いの禁止、冬田の水張りの関連性は、その成立時期と地域を示唆する重要な条項になる。調べた限り、少々の商いをするより冬田に水を張れとの言い伝えが流布していた地域は、三河国・遠江国の二カ国であるから、そのことわざの適用地域は三河・遠江国以東である。

しかしいくら冬枯れの田に水を張っておけば翌年の収穫が期待できるとはいうものの、それでは困ったことがある。それは「百姓身持之事」や「百姓身持之覚書」の第二一条にでてくる、所にはよるけれども麦田にできるところは麦田にせよ、毎年麦田を作れば大きな徳分になる、という条文との関係である。麦田とは、裏作に麦を作る田、つまり二毛作田のことである。だが二毛作をする

▼二毛作　水田を表作に、それ以外の主穀作物を裏作とする栽培方法。裏作としては、麦が多く栽培された。

には、田の水を抜いて乾田化しなくてはならず、第一七条の付帯条項と矛盾をきたしてしまう。

加えて麦の二毛作は、西日本地域で顕著に見られ、東日本で麦田の可能な地域はおのずと限られる。となると東日本で麦田＝二毛作の可能な地域が、慶安の触書成立の鍵を握る地域と考えられる。

一般に中世以来、裏作の麦は年貢収奪の対象から除外され、百姓にとっては日常の自給消費用となるものである。「百姓身持之覚書」では、場所柄によると留保しながらも、麦田耕作を積極的に奨励している。この「所にはよるべく候得共」という表現は、あたかも全国法令が個々の地域性を考慮しているかのように受け取れるが、そうではない。乾田化できない湿田だとか、寒冷地のように二毛作をすると翌年の麦の収穫が遅くなり、田植えに影響が出てしまうようなところは避けること、つまり立地条件を考慮して麦田にせよと説いているのである。

参考までに一八九五(明治二十八)年の統計では、全国平均の二毛作率は二六・三%で、近畿地方以西ではほとんどの地域が全国平均を上回っている。これにたいし東日本では、全国平均を超えるのは群馬県(四九・九%)、岐阜県(三三・三%)、山梨県(五九・二%)の三県しかない。また一五%を超えるのが静岡・愛知・長野の三県である。つまり山梨県=甲斐国は、東日本では最大の二毛作地帯なのである。しかも甲斐国の場合、慶長検地の段階から広く麦田が確認できる。慶長検地では田畑の各等級別の石盛は不明であるが、甲府徳川藩領時代に施行された寛文検地の石盛では、麦田が等級に採用されており、上田が一石五斗から二石一斗の石盛なのにたいし、麦田は低くても一石七斗、高いところでは二石二斗と、上田より高く見積もられている。

以上の分析から、一六六五年「百姓身持之事」では存在していた商い心の付帯条項の部分が、一六九七年「百姓身持之覚書」になると削除されたのは、甲府徳川藩領内の藩法として体裁を整えるときに、麦田奨励との矛盾をさけるために、そして十七世紀後半の時代状況が、商い心を一般的な規定にまで適用できるような段階に到達していたからこそ改訂されたのである。

▼**慶長検地**　一六〇一〜〇二年にかけて、大久保長安が甲斐・国中地域に実施した。

▼**石盛**　斗代ともいう。検地によって公定された一反あたりの米の収穫量の法定基準。年貢を賦課したり、村落の規模を石高で示す基礎となった。

▼**寛文検地**　一六六四年以降、甲府徳川藩が領内に実施した。

▼内閣文庫　一八八四年に設置された和漢の古典籍・古文書を所蔵する専門機関。紅葉山文庫などの江戸幕府公文書を多数所蔵している。一九七一年、国立公文書館の一部門となり、二〇〇一年からは独立行政法人となった。

採用されなかった条文・「忠左衛門作分」

「百姓身持之覚書」がいきなり成文法として登場したのではなく、「百姓身持之事」を改訂・削除して成立したと考えたとき、じつは改訂するにあたって、新たに条文化を検討されながらも、結局採用が見送られたと思われる編纂過程の痕跡が残されている。それは『条令拾遺』第四六項の「忠左衛門作分」である。この「忠左衛門作分」は、法令としては体裁が整っておらず、なぜ『条令拾遺』に入っているのかわからない不思議な文章だった。しかしよくよく見れば、「忠左衛門作分」は、『条令拾遺』第四五項の「百姓身持之覚書」のすぐ後ろに掲載されているのだから、採用が見送られた関連条文の痕跡とみれば、不体裁であることも納得がいく。

ところで『条令拾遺』(九ページ参照)は、江戸幕府の正史『徳川実紀』一六四九(慶安二)年二月二十六日条に掲載される慶安の触書の典拠として知られているわりに、内閣文庫▲の系統しか書写本が伝わらず、いつ、なんのために作られたかわからない、いわくつきの史料であった。しかし最近、東京大学経済学部図書館文書室に別本が所蔵されていることがわかった。しかもそれを見ると「是は、忠左衛門作分にて拵《こしら》え置き候間、御用の事御無用に候、御心得にも成るべきかと存じ写す」とくわしい注記がついている。ここで「御用の事」というのを、「百姓身持之覚書」への改訂作業と考えれば、忠左衛門が作った分は、条文化は無用＝不採用になったと解釈できるのである。

　では採用されなかった内容とは何か。それは分地制限▲に関する条項なのである。五町歩の田畑と下人や牛馬を持つよき身代の百姓が、二人の子供に土地を分割相続し、さらにその子から孫、曾孫へと分地を繰り返すと、四代目には惣領でも一町三反の土地しか持てなくなる。そうなると下人や牛馬を持つこともできず、年貢諸役を勤められずに妻子を売る羽目になる。だから田地がいくらあっても、惣領一人に譲り、その他の子供は、養子か奉公に出すか、医者の弟子に遣わすか出家させなさい、というものである。

　分地制限令は、幕府が一六七三(延宝元)年に発令したとされ、慶安の触書、一六四三(寛永二十)年の田畑永代売買禁止令とともに教科書には三点セットで記載される有名なものである。しかし分地制限令もまた一六七三年の幕府法令としては典拠が明らかでない。とはいえ十七世紀半ば以降になると、小前百姓

▼**分地制限**　江戸時代において分割相続による土地の零細化を制限した法令もしくは政策。十七世紀には、小農経営を維持するため、強く制限された。しかし十八世紀にはイエ意識の形成によって長子単独相続が浸透し、次第に形式化していった。

層にまで単独相続慣行が広がり、武家奉公人の確保とあいまって全国の幕藩領主によって採用されている。「忠左衛門作分」もまた単なる分地制限ではなく、奉公人を視野に入れた条文である。とすれば寛文から元禄＝十七世紀後半にかけて「百姓身持之覚書」が作られたとする仮説にまさに適合するのである。それだけではない。十七世紀後半の甲府徳川藩には、桜井忠左衛門という勘定役が実在し、同藩では一六六七（寛文七）年と一六八一（天和元）年に分地制限令を出していることからも、慶安の触書＝元禄甲府徳川藩領成立説を確かにしてくれている。

「百姓身持之事」の流布とその特徴

ここで議論を簡単に整理しておこう。慶安の触書は、一六四九（慶安二）年に発令された幕府法ではない。かといって後世に創作された偽文書でもない。その原型は、甲州から信州にかけて流布していた地域的な教諭書「百姓身持之事」の三六カ条にある。その成立年代は、現時点では一六六五（寛文五）年にまでさかのぼることができる。同史料は、主に下人を使役して大経営をおこなう村落上層農民を対象としている。それが一六九七（元禄十）年に至り、甲府徳川藩法として、百姓一般を対象とする「百姓身持之覚書」三二カ条へと改訂される。

ところで土屋本、秋山本、そして佐藤本といった、慶安の触書の源流となる「百姓身持之事」系統の史料には、ひとつの共通点がある。それはどの史料も手習い本として伝来していたことである。それに丸山が紹介した一七八二（天明二）年甲斐国巨摩郡北山筋亀沢村「百姓身持書」にも、虎次郎という所蔵者名があり、やはり手習いとして書写されている。

武蔵国埼玉郡八条領立堀村の一七七二（明和九）年「百姓身持式目」は、署名者の佐藤家ではなく、武蔵国葛飾郡上口《かみぐち》村（現埼玉県三郷市）の名主家に伝来していた。同史料の表紙見返しにある「この本何方へ参り候とも早々御返し申すべく候、以上」との文章から見て、貸本として流通していたと見られる。

このように、「百姓身持之事」は、毛筆による書写という伝統的な方法で、人から人、村から村へと確実に伝えられたのである。

近世史研究の場合、調査にあたっては、必要となる史料を抜き取って撮影するのではなく、まず文書群全体の目録を編成する基礎作業がともなう。しかしこうした古文書は、江戸時代のものだけでなく近現代の史料や木版本などの和本、書画と一緒に保存されることがほとんどにもかかわらず、専門外の和本や書画などを目録から除外してしまうことがしばしばある。困ったことに手習いの類は、和本と一緒に保存されることが多く、調査から漏れてしまいがちである。だから今後は、和本の調査を丁寧におこなえば、新たな慶安の触書関連史料の発掘が期待できるのである。

ところで十七世紀後半、甲州から信州にかけて流布していた地域的な教諭書「百姓身持之事」が、一六九七年に甲府徳川藩法「百姓身持之覚書」に改訂されたあと、その姿はしばらく見られなくなる。しかし十八世紀後半になると、今度は関東地方に「百姓身持之事」を、教諭書に採用する藩が登場する。それは一七五八(宝暦八)年下野国黒羽《くろばね》藩▲「百姓身持教訓」である。

黒羽藩「百姓身持教訓」と鈴木武助

下野国黒羽藩「百姓身持教訓」(あるいは「百姓身持心得覚」)は、全部で一八カ条あり、黒羽藩一万八〇〇〇石が、藩主大関増興《おおぜきますおき》▲主導のもとに配布したものであ

▼**黒羽藩**　下野国那須郡に設置された外様藩。藩主大関氏。一万八〇〇〇石。

▼**大関増興**　一七〇九〜七〇年。第七代下野国黒羽藩主。初め伊予守、その後能登守。

る。第一条飢饉・凶年の際の心得、第二条稲・麦など穀物の耕作法、第三条衣食住の節倹、第四条村内遊び日▲の制限、第五条神社仏閣の祭祀と信心、第六条若者の病気の戒め、第七条春秋灸治の推奨、第八条堕胎の禁止、第九条幼童の養育方法、第一〇条下人の使役方法、第一一条耕作への努力、第一二条名主の心得方、第一三条耕作の準備、第一四条耕作の励行、第一五条作物の植え付け方、第一六条飲酒の節制、第一七条牛馬の使役方法、第一八条村役人の郷中見廻り奨励、となっている。また末尾は、「右の趣、名主を始め、頭立ち候者、毎月怠りなく惣百姓へ読み聞かすべきものなり」でしめくくられている。

このうち第七・九〜一二条が、一部改訂しながら「百姓身持之事」から引用されている。この黒羽藩本「百姓身持教訓」は、近いところでは常陸国下館藩領、下総国結城藩下野国飛地、河内国丹南藩下野国足利郡飛地、上野国館林藩領、それに幕府直轄領や旗本領に伝わり、遠くは陸奥国南部藩領、近江国などでも確認されている。この一七五八(宝暦八)年「百姓身持教訓」が、下野国黒羽藩で農村教諭書として採用された事実は、その後の慶安の触書の全国流布を考えたとき、重要である。そこで黒羽藩の農村教化政策について検討を加えておこう。

▼遊び日　江戸時代の休日のこと。五節句や祭礼、農休みが遊び日となった。若者仲間が要求して雨天の日を休日にすることもおこなわれた。

そのときまず無視できないのは、黒羽藩家老鈴木武助正長《すずきぶすけまさなが》の存在である。

鈴木武助正長は、一七三二年(享保十七)に黒羽藩家臣鈴木重武の嫡男として生まれ、一八〇六(文化三)年一月三十日に、七五歳で死没している。通称を政之丞あるいは武助。号して蘭庭・為蝶軒。祖父に儒学・剣法を学び、一七四四(延享元)年家督を嗣いで黒羽藩に出仕。家禄は二五〇石。一七五八年大吟味役《おおぎんみやく》に抜擢され、一七六八(明和五)年には家老となり、一七九八(寛政十)年に隠退するまでの三一年間、農政に心を砕き、産業振興・郷蔵▲建立などを奨めて、一七八三(天明三)年の大凶作にも餓死者を出さず、また嬰児間引き▲の悪習を改めさせるなど功が多かった。一七九八年に職を辞した後も、備荒の要▲を説くなど学問・著述に努めた。

今日、武助の名声を伝えるものに、一七八四年の間引き禁止壁書の刊行と、著書『農喩《のうゆ》』の執筆がある。間引き禁止壁書とは、鬼婆が出生児を取り上げて、ひねり殺す地獄の絵を描き木版刷りにしたもので、当時の北関東地方は、折からの天明の大飢饉▲が重なり、農村荒廃が進展し、荒地の増加や、人口流出や間引きが深刻な社会問題となっていた。鈴木武助が農村荒廃対策として、間引き

▼**郷蔵**　江戸時代の村に設置された年貢米の一時保管庫。十九世紀になると、非常用・貸付用の備蓄米の収蔵庫として機能した。

▼**嬰児間引き**　生まれたばかりの赤ん坊を人為的に殺し、人口制限をすること。十八世紀後半、荒廃現象に悩んだ北関東地方では、領主によってしばしば禁止された。

▼**備荒の要**　備荒貯蓄ともいう。江戸時代、飢饉や凶作に備えることの重要性を説くこと。主に社倉や義倉を設置し囲米をおこなうことが多い。

▼**天明の大飢饉**　享保・天保と並ぶ江戸時代の三大飢饉のひとつ。一七八三年には浅間山が噴火し、東北地方では冷害により多数の餓死者が出た。

●──鈴木武助画像

●──『農喩』

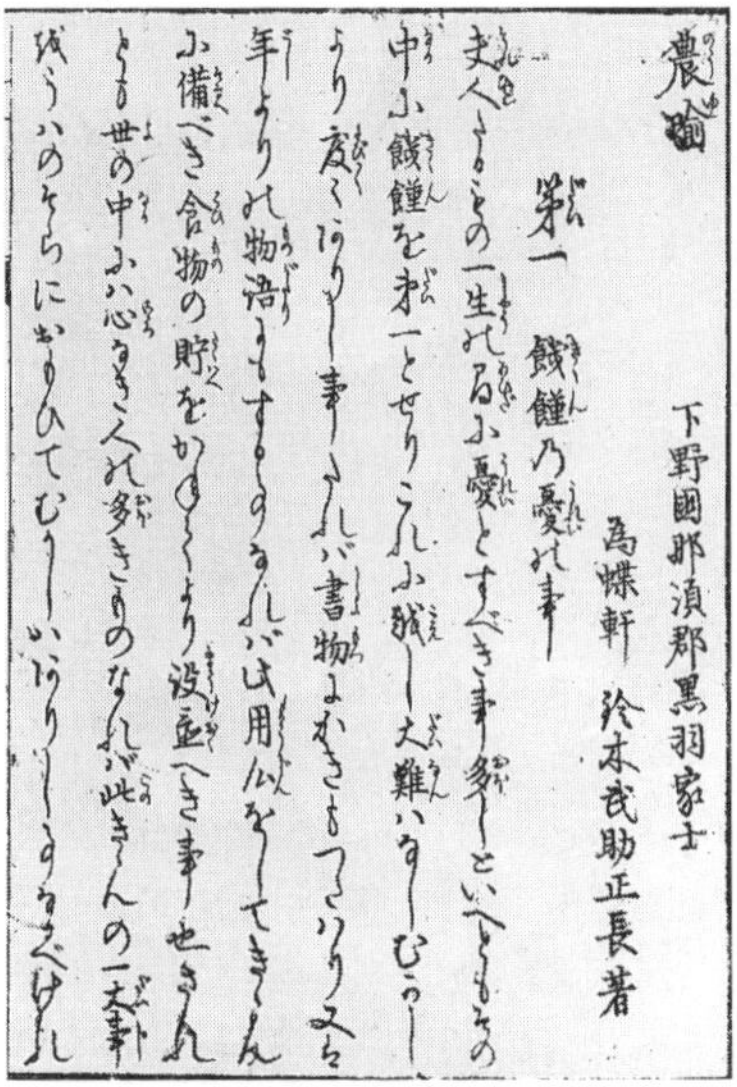

農喩《のうゆ》

下野國那須郡黒羽家士

爲蝶軒　鈴木武助正長著

第一《だいいち》　錢鏱乃憂《うれひ》る事

●──間引き禁止壁書

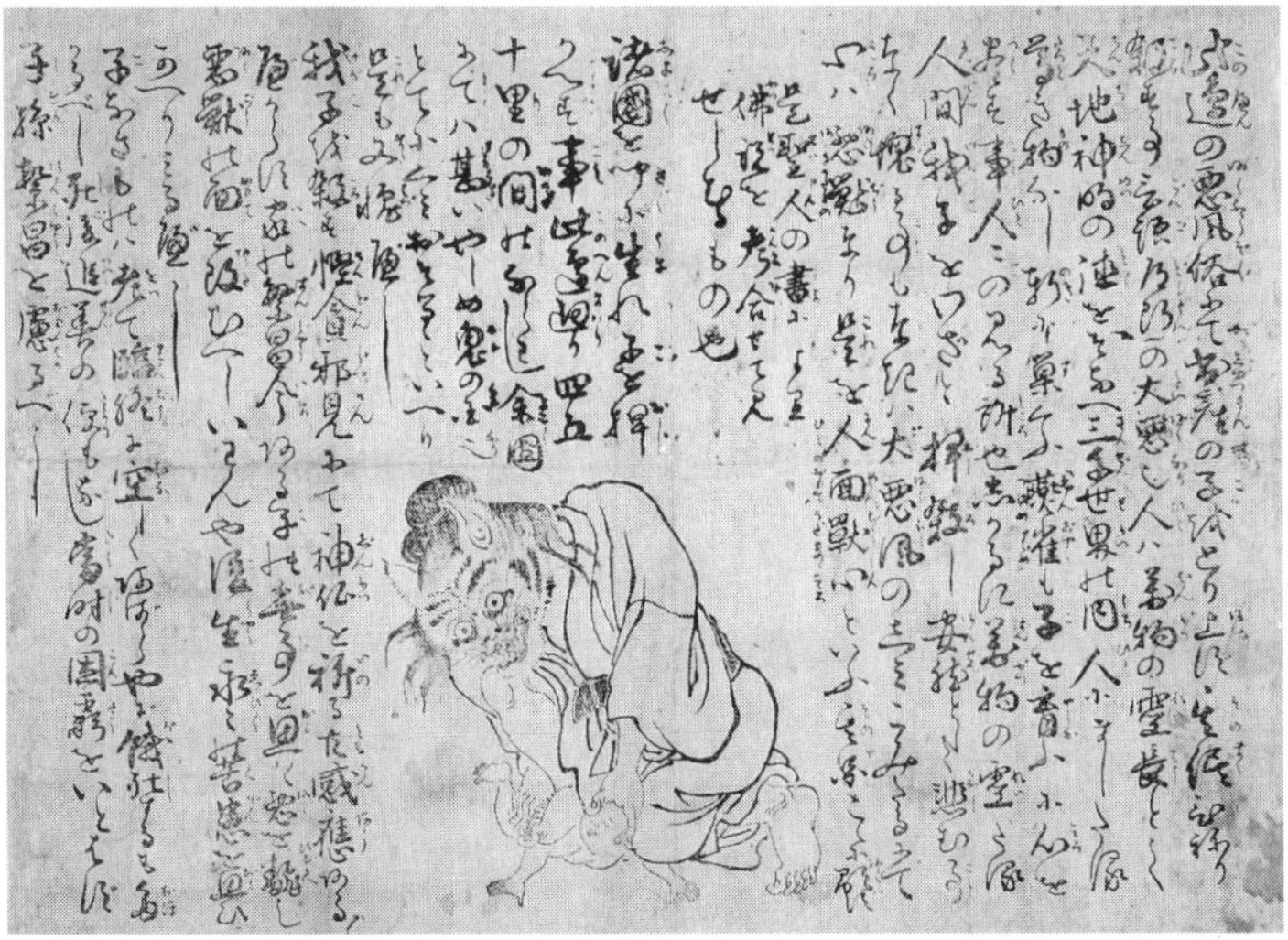

の禁止を企図したこと自体は、取り立てて目新しいものではない。画期的なのは、間引き禁止を訴える手段として、地獄絵に見立てた壁書きを木版刷りにしたことである。しかも絵入りの印刷物を戸別配布し、読みにくい字にはふりがなを施すなどの工夫が凝らしてあった。これにより広範かつ効果的に周知徹底が計れたのである。

しかしなんといっても鈴木武助の代表作は、一八〇五年八月に著わされた『農喩』である。その内容は、第一飢饉の憂いの事、第二飢饉の度々の年数の事、第三餓死人の事、第四天災地変の事、第五長湿不作の事、第六穀物高値の事、第七乞食に出し者倒れ死の事、第八糧を貯えし人の事、第九金を持し人飢え死の事、第一〇農業全書を読むべき事、の一〇章からなる。『農喩』は、家老時代の天明の大飢饉の経験をもとに、時代の遠ざかるにしたがい、飢饉の記憶が薄れて、人々の間に危機意識がなくなることを恐れて、備荒の急務を説くために著述したものである。文章は、百姓たちに広く教え諭すために平易な文体を用いている。

黒羽藩農村教諭書「百姓身持教訓」と鈴木武助『農喩』は、わかりやすく民衆全体に直接語りかけるスタイルと、武助の名声との相乗効果もあって、十九世紀以降の全国諸藩における藩政改革の先駆的な役割を果たし、幕府や多くの諸藩に影響を与えた。なかでも陸奥国白河藩主で老中の松平越中守定信▲は、参勤交代の途中、わざわざ黒羽藩に立ち寄り、鈴木武助に面会を希望したとのエピソードが残されているほどである。

しかし黒羽藩が、どのようにして一六六五(寛文五)年「百姓身持之事」を入手したのかはわからない。とはいえ江戸周辺村落の武蔵国埼玉郡立堀村にも、十八世紀後半の写本が伝わることから、関東地方周辺に伝播していたのは確実である。

▼**松平越中守定信**　一七五八〜一八二九年。陸奥国白河藩主。楽翁と号す。幕府老中となり、寛政改革を主導した。

④―美濃国岩村藩慶安の触書出版とその歴史的意義

岩村藩における出版事業

以上のように、慶安の触書は、そもそも十七世紀後半に、甲州から信州にかけて流布していた地域的な教諭書「百姓身持之事」を源流にして、一六九七(元禄十)年に甲府徳川藩法「百姓身持之覚書」として改訂されたことが判明した。それでは、今日なぜ一六四九(慶安二)年発令の慶安の触書として誤認されるようになったのだろうか。だいいち十七～十八世紀段階の諸本は、すべて「百姓身持」から始まるタイトルで流布していて、どこにも「慶安御触書」とは書かれていないのである。いつ、どこで、だれが「慶安御触書」と命名したのか。

それを考えるとき、無視できないのが一八三〇(文政十三)年に美濃国岩村藩▲が出版した木版本『慶安御触書』である。この岩村藩版こそ「百姓身持之覚書」を慶安の触書と呼んだ最初のケースである。

美濃国岩村藩は譜代の小藩で、藩主は大給《おぎゅう》松平氏(分家)である。本姓は石川といい、初代乗政は、はじめ五〇〇〇石、のち一六七九(延宝七)年に五〇〇〇〇

▼岩村藩　美濃国恵那郡に置かれた譜代藩。藩主は大給松平氏、丹羽氏、大給松平氏分家。三万石。

●—岩村城本丸石垣

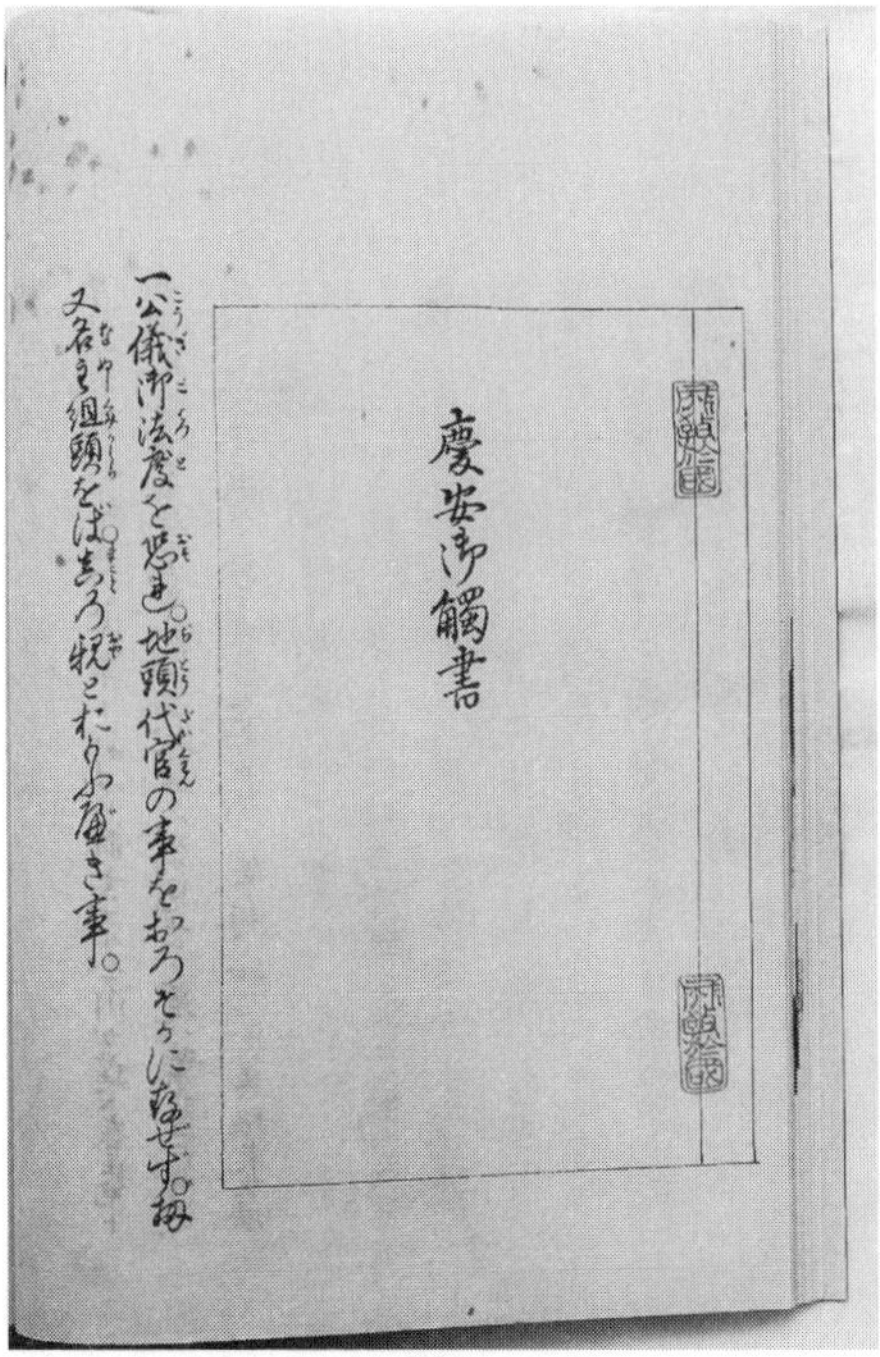

慶安御觸書

一公儀御法度を怠り、地頭代官の事をおろそかに存せず。扨又名主組頭をば真の親とおもふべき事。

●—岩村藩版『慶安御触書』表紙
(『甲子夜話』より)

●—岩村藩版『慶安御触書』印記

石を加増されて一万石の大名となり、ついで一六八三(天和三)年一万石を加えられて信濃国小諸城主二万石に入封した。一七〇二年、二代乗紀《のりただ》の時に、美濃国岩村(現岐阜県恵那市)へ転封し、一七三五(享保二十)年三代乗賢《のりかた》が西丸老中に抜擢されたのを契機に三万石に加増された。以後六代にわたって岩村の地を襲封し、明治維新を迎えている。歴代の当主は、代々能登守を名乗ることが多く、奏者番や若年寄、大坂城代、老中などの幕府の要職に就いた。

従来、岩村藩における慶安の触書の出版事情を物語る史料としては、松浦静山《まつらせいざん》▲『甲子夜話《かっしやわ》▲』続編巻四七、一八三〇(文政十三)年八月八日条が必ず利用される。そこで同史料から議論を始めることにする。まずは問題の記事を引用しておく。

> 八月八日、林子(林述斎《はやしじゅっさい》▲)訪はる。話中に曰ふ。岩村侯(松平乗美《のりよし》)の家に慶安二年二月、公儀より普《あまね》く民間に令ありし小冊あり。その下情に通貫する見つべし。岩村侯未だ年若なるに因《よ》り、某《それがし》実家の故を以て窃《ひそか》にその政事を助く。廼《すなわち》この遺令あるを知て、今復《いままた》領中の民間に布《し》く。戸毎に頒《わか》つが為に、上梓《じょうし》してこれを与ふと。林子帰てその冊を贈り示す。即茲《ここ》に其冊を摸出す。

▼**松浦静山**　一七六〇〜一八四一年。第九代肥前国平戸藩主。実名は清。

▼**甲子夜話**　松浦静山が著した随筆集。正編一〇〇巻・続編一〇〇巻。書名は、一八二一年十一月甲子の夜に起稿したことに由来する。

▼**林述斎**　一七六八〜一八四一年。江戸時代後期の朱子学者。名は衡。もとは岩村藩松平乗蘊の子。林信敬の養子に迎えられた。幕府学問所の総裁を務め、江戸幕府の地誌編纂や修史事業を推進した。

これによると、一八三〇年八月八日、幕府学問所総裁林述斎は、もと肥前国平戸藩主松浦静山の屋敷を訪れ、岩村藩には、慶安年中に公儀＝幕府によってあまねく民間へ命令された小冊子、すなわち慶安の触書が伝わると話した。この触書の民意に通じた内容に感心した述斎は、いまだ年少だった岩村藩主松平乗美の後見者の立場から、ちょうど藩政改革の最中だった岩村藩領内へ木版本にして配布したのである。そして述斎は、帰宅後慶安の触書を静山に贈り、静山はそれを模写して『甲子夜話』に収めたのである。『甲子夜話』に模写された触書は、岩村藩領内に配布されたものにしかみられない書誌的特徴を共有している。それは表紙中央に、慶安の触書の表題が、直接刷り込まれ、綴じ目には「成教於国」と刻まれた単郭の長方形朱印が二個捺されている。これは岩村藩領内に配布された触書固有の特徴である(五一ページ参照)。

岩村藩では、慶安の触書以外に『六諭衍義大意《りくゆえんぎたいい》』▲と『農喩』もまた木版印刷にして配布している。『六諭衍義大意』は、孝順父母《ふぼにこうじゅんす》・尊敬長上《ちょうじょうをそんきょうす》・和睦郷里《きょうりをわぼくす》・教訓子孫《しそんをきょうくんす》・各安生理《おのおのせいりをやすんず》・毋作非為《ひいをなすことなかれ》、以上六つの徳目(六諭)の遵守を説いた教訓書で、中国の明朝の太祖・洪武帝が民衆教化のために欽定し、それを清

▼**六諭衍義大意**　一七二二年に刊行された教訓書。八代将軍吉宗の命により、荻生徂徠が訓点を付け、室鳩巣が解説を加えた。寺子屋の教科書として採用され、ひろく世間に流布した。

▼六諭衍義　明の洪武帝が欽定し、清の順治帝により頒布された『六諭』に解説を付したもの。著者は范鋐。琉球に伝来し、程順則が出版した。やがて幕府に献上され、『六諭衍義大意』へと発展した。

朝の世祖・順治帝が一六五二(順治九)年に頒布した『六諭』にさかのぼる。この『六諭』に、范鋐《はんこう》が解説を加えて『六諭衍義▲』とした。やがて『六諭衍義』は琉球に伝わり、程順則が改めて刊行した。この琉球版『六諭衍義』が、江戸幕府に献上されると、八代将軍徳川吉宗の目に留まり、幕府の民衆教化のテキストに採用されることになった。吉宗は、荻生徂徠《おぎゅうそらい》に命じて、訓点を施させ、さらに室鳩巣《むろきゅうそう》に漢字と平がな混じりの和漢混交文の平易なものに改めさせ、一七二二(享保七)年に出版された。これが『六諭衍義大意』である。普及にあたっては、江戸町奉行大岡越前守忠相に命じ、江戸府内の寺子屋師匠たちに本書を下賜して、手習いの手本に使用させた。その後、全国の諸藩や本屋などによる出版が相次ぎ、岩村藩でも一八三〇年五月に採用している。

この『六諭衍義大意』とならんで、慶安の触書の流布過程を探るうえで、重要な役割を果たしたと想定されるのが『農喩』(四八ページ参照)である。岩村藩では、一八三一(天保二)年に出版されている。先に触れたように『農喩』は、一八〇五(文化二)年八月二十四日、黒羽藩士鈴木武助正長により、天明の大飢饉が人々の記憶から遠くなるのを恐れて執筆されたものである。しかし翌一八〇六年に武助が死去したため出版されることはなかった。ついで一八一二年、武助の七回忌に際して、黒羽藩士長坂政右衛門安利が、同志と計って出版し、武助の遺志を継いで黒羽藩領内に頒布している。やがてこの長坂による黒羽藩版『農喩』は、一八二五年に水戸藩士秋山盛恭《あきやませいきょう》の跋文を付して版刻され、さらに一八三一年、美濃国岩村藩で重刻されたのである。

ここで注目すべきは、慶安の触書が『六諭衍義大意』と『農喩』を三点セットにして配布された事実である。これは明らかに民衆統治と飢饉対策を意識した措置であり、あたかもやがて日本全国を襲うことになる天保の大飢饉(一八三三〜三六)を予知するかのような先見性を持っていた。

『甲子夜話』をめぐる作為

しかし『甲子夜話』には、作為的な記述がある。最も気になるのは、岩村藩に一六四九(慶安二)年に公儀が出したという遺令、つまり慶安の触書が残されていたという点である。すでに見てきたように、慶安の触書が幕府法として出された可能性はない。とすればいったい岩村藩にあったという遺令とは何なのか。

調べてみると岩村藩には、一六九七(元禄十)年の甲府徳川藩法「百姓身持之覚書」が伝来した可能性が高いことがわかった。なぜなら大給松平家が美濃国岩村藩に入封したのは、一七〇二年のことで、それまでは一六八二(天和二)年から二〇年余りを信濃国佐久郡小諸藩主として過ごしていたからである。そしてのちに慶安の触書として流布することになった「百姓身持之覚書」三二カ条が、甲府徳川藩領内に藩法として布達されたのが一六九七年のことであり、信州佐久郡内にはその甲府徳川藩領が設定されていたことから考えると、岩村藩には、隣接藩でもある甲府徳川藩「百姓身持之覚書」が伝えられていた可能性が高い。

つぎにおかしいのは、『甲子夜話』一八三〇(文政十三)年八月八日の記事に、慶安の触書に関する記事が登場することである。岩村藩の公式記録では、岩村藩版触書は、一八三〇年三月の日付があるものの、実際に領内に触れ出されたのは同年七月で、さらに実際に村々へ伝達していったのは八月以降のことである。そうなると岩村藩領内に伝達したのとほとんど同時に、江戸では林述斎を介して松浦静山のもとに触書がもたらされたことになる。これをどう解釈すべきか。

まず『甲子夜話』の記事の信憑性を、厳密な史料批判により判定しなければ、その記事は鵜呑みにできない。この『甲子夜話』の題名は、一八二一年十一月十七日甲子の夜に起稿されたことに由来し、一八四一(天保十二)年六月の、松浦静山の病死直前まで記された。その内容は、文政から天保の時期、幕末の危機の時代へと変動する時期二〇年間の情報記録である。注目すべきは、その執筆動機にある。そもそも『甲子夜話』は、林述斎が静山に記録の整理を求め、整理された記録は、述斎が一読したうえで、彼の意見や手持ちの情報を加えて静山に返却された。つまり『甲子夜話』とは、単に静山の随筆などではなく、文教政策の当事者である林述斎の言説を濃厚に反映した情報記録なのである。とすれば『甲子夜話』には、幕府御用学者で朱子学者たる林述斎の思想的立場から見た、慶安の触書についての意図的な見解が反映されていると見ていい。

こうしてみると「百姓身持之覚書」に、新たに「慶安御触書」と名付けた人物こそ林述斎その人だったのではないか。結論からいえば、彼こそ、慶安の触書全国流布の仕掛け人だったのである。

もう一つ指摘すると、戸別に配布するために木版印刷としたという部分であ

▼高持百姓　石高を多く所持する上層百姓のこと。村役人を務めたりして、村落の主導者的な役割を果たした。

る。確かに、慶安の触書は、適宜ルビを施して読みやすくした木版本として採用されている。慶安の触書の流通過程は不明だが、『農喩』については、岩村藩領四八カ村に合計二四一冊配られたことが判明している。これは単純計算で一カ村平均五冊弱が配られたことになる。ただし村によってばらつきがあるが、大半の村では三〜四冊ないし五〜六冊で、村役人と高持百姓▲と呼ばれた上層農民らに配られたようである。

結局、木版印刷は、小前層を視野に入れた戸別配布の可能性を高くするけれども、実際のところは、触書の奥書にあるように「誤字脱字もあらんことを恐れて板に刻むもの也」というレベルに留まった。

しかも庄屋の手元に蓄積され、実際には他の村役人には配布されなかった形跡すらある。恵那郡東野《ひがしの》村(現岐阜県恵那市)の場合、名主家の文書の中に、現在でも慶安の触書四冊と『六諭衍義大意』五冊が残されている。ところが慶安の触書四冊のうち、一冊については汚れやシミが見られ、各丁毎の左隅には頻繁にめくられたらしき手垢が付着している。このことから現実に教諭のために使用された痕跡が明瞭である。しかし他の三冊分については、長年ホコリをかぶ

●——美濃国恵那郡東野村『六諭衍義大意』

●——美濃国恵那郡東野村『慶安御触書』

っていた跡を除くと、全く使用された様子のない美本で、おそらく他の村役人には渡されることなく名主家に奥深く所蔵されていたようである。これは『六諭衍義大意』も同様であって、五冊のうち一冊は左隅の手垢の跡から使用済みだとわかるが、他のものについてはシミと日焼けの見られるほか、全く使われた様子はない。

なぜ慶安なのか

では「百姓身持之覚書」は、なぜ一六四九(慶安二)年二月二十六日「慶安御触書」と命名されたのだろうか。現時点では推測の域を出ないが、二点ほど指摘しておきたい。

まずひとつは、林述斎と朱子学▲の関係である。さかのぼれば、寛政改革に際して、時の老中松平定信は、寛政異学の禁を発し、幕府の正学を朱子学と定めた。そして一七九三(寛政五)年には、幕府学問所総裁大学頭林信敬《はやしのぶたか》の養子に美濃国岩村藩主松平乗蘊《のりもり》の第三子熊蔵乗衡《くまぞうのりひら》を迎えさせた。これが述斎こと林衡《たいら》である。述斎は、林家の別邸の所在地であり、その当時衰微の一途をたどるば

▼**朱子学**　宋学ともいう。中国宋代の朱熹《しゅき》によって大成された儒学の一派。江戸幕府は、林羅山を通じて受容し、幕府の正学とした。

●—林述斎画像

●—聖堂絵図　狩野素光画

かりだった湯島聖堂▲を、土地一切とともに幕府に献納し、新たに幕府直轄の学問所＝昌平黌として拡張させた。そしてここでさまざまな江戸幕府の歴史編纂事業やイデオロギー政策を推進したのである。いってみれば述斎は、当時衰退していた林家を再生させた中興の祖ともいうべき人物である。

　とくに彼が総裁を務めた『徳川実紀』編纂にあたっては、単に歴代徳川将軍の事績について詳細な叙述をおこなっただけでなく、そこかしこに林家の歴史を巧みに埋め込んでいる。たとえば初代林羅山▲に始まる事柄を、詳細に記述しているのである。

　一例を挙げよう。一六三二(寛永九)年、上野忍岡《しのぶがおか》の林羅山邸内に、林家の家塾として聖堂が建てられた。こののち一六九〇(元禄三)年、聖堂は現在ある湯島の地に移転するが、寛政改革期に昌平坂学問所▲が開設され幕府の直轄学校になるまでは、あくまでも私塾であって、幕府の公的機関ではない。しかし『徳川実紀』には、聖堂の設置から修理の様子、聖堂でおこなわれた講書などの行事が、じつによく記載されている。つまり『徳川実紀』は、歴代徳川将軍の歴史書であるとともに、林家の歴史書でもあったのである。

▼湯島聖堂　孔子などの聖賢を祭った祀堂。一六三二年上野忍岡の林羅山の家塾として建設され、一六九〇年に五代将軍綱吉により湯島に移転した。

▼林羅山　一五八三〜一六五七年。江戸時代初期の朱子学者。法号を道春。幕府儒官の林家の初代。徳川家康に仕えて扶持を与えられ、外交文書や諸法度の草案を作り、文教政策のブレーンとして活躍した。

▼昌平坂学問所　江戸幕府の教育施設。もともと林家の家塾である湯島聖堂を、一七九七年に林述斎が土地建物一切を幕府に献納し、幕府直轄の学問所として発足させた。敷地の一角が昌平坂に面していたことから昌平坂学問所、あるいは昌平黌と呼ばれた。

一六四九年は、三代将軍家光の治世末期にあたると同時に、林家初代羅山の晩年にあたる。羅山は、一六五一年に念願の九一〇石余の知行取りになっている。述斎にとっては、初代羅山を顕彰する意識が、林家にとって最も華やかで理想とすべき時代、それが家光と羅山の晩年である「慶安」に具現しているといえないだろうか。

つぎに江戸時代の民衆のほうにも、「慶安」年号は、大きな時代の変わり目として認識する受け皿があった。江戸時代に、広く民衆の間に流布していた実録体小説に『慶安太平記』▲がある。『慶安太平記』は、一六五一年七月、由井正雪《ゆいしょうせつ》▲と丸橋忠弥《まるばしちゅうや》▲が、牢人たちを語って起こした幕府への叛乱事件に取材した小説である。事件は事前に露顕し、未遂に終わった。しかし太平の世を騒がせた一大事件として、後年まで人々の記憶に残ったのである。この事件を読み物仕立てにしたのが『慶安太平記』で、今でも史料調査に出かけると、村方文書に混じって見かけることがある。江戸時代の民衆の時代感覚は、元禄の忠臣蔵、享保の大岡政談、といった歌舞伎や通俗的な読み物を通して共有される。慶安という時代もまた、『慶安太平記』を媒介にして時代の転換点と認識されたのだろう。

▼**慶安太平記**　由井正雪が起こした慶安事件をモデルにした実録体小説。一六五一年に由井正雪・丸橋忠弥ら牢人が起こした騒動である慶安事件をもとに、講釈師らが読み物にアレンジし、広く一般に出回った。

▼**由井正雪**　一六〇五〜五一年。駿河国の出身。一六五一年、三代将軍家光の時に、倒幕を計って起こした慶安事件の首謀者。

▼**丸橋忠弥**　?〜一六五一年。出羽国の出身。槍の名人。由井正雪とともに慶安事件の首謀者のひとり。江戸城を襲撃する計画を立てるが事前に発覚して処刑された。

⑤——全国に広がる慶安の触書

受容のピークと天保の大飢饉

一八三〇（文政十三）年、美濃国岩村藩において慶安の触書が出版されると、その影響下に全国各地の大名、旗本、幕府代官などの幕藩領主たちが次々と触書を受容していく。それだけではない。幕府学問所総裁の林述斎は、当時、自らが編纂責任者であった歴代徳川将軍の正史『徳川実紀』に、三代将軍徳川家光が一六四九（慶安二）年二月二十六日に発令した全国法令として収録したのである。ここに後世、慶安の触書が全国法令と誤認される第一歩が踏み出されたのである。

慶安の触書受容には、いくつかの特徴を指摘することができる。年表を見ると、まず現在わかっているところで最も早く採用したのは、一八三〇（天保元）年十二月の上野国沼田藩である。ついで一八三三年の遠江国掛川藩、一八三四年には出羽国米沢藩と信濃国千村平《ちむらへい》右衛門《えもん》預所▲で採用され、一八三五年には越後国椎谷藩▲の信濃国高井郡飛地、一八三七年には備中国成羽《なりわ》知行所▲、一八三八

▼**千村平右衛門預所**　千村平右衛門家が管理していた信濃国伊那郡内の幕府直轄領。千村家は、尾張藩の家臣でありながら幕府の旗本でもあった二重の封臣。預所は、山方六カ村と里方五カ村をあわせて四九〇〇石弱ほど設定されていた。

▼**椎谷藩**　越後国に置かれた譜代藩。藩主は堀氏。一万石。信濃国高井・水内郡に飛地を有した。

▼**成羽知行所**　備中国川上郡成羽に置かれた旗本知行所。領主は交代寄合・山崎氏。知行高五〇〇〇石。

●——慶安の触書関係年表

西暦(和暦)	事　項
1649(慶安2)	慶安の触書32カ条発令？
1665(寛文5)	信濃国佐久郡牧布施村土屋本「(勧農御触書)」35カ条
(17世紀後半か)	甲斐国巨摩郡百々村秋山本「百姓身持之事」31カ条
1697(元禄10)	甲斐国巨摩郡江原村内藤本「百姓身持之覚書」32カ条
1758(宝暦8)	下野国黒羽藩「百姓身持教訓」18カ条
1772(明和9)	武蔵国埼玉郡八条領立堀村佐藤本「百姓身持式目」36カ条
1782(天明2)	甲斐国巨摩郡亀沢村「百姓身持書」25カ条
1791(寛政3)	老中松平定信『町法被仰出書』35カ条出版を命じる
1805(文化2)	下野国黒羽藩鈴木武助「農喩」執筆
1825(文政8)	常陸国水戸藩家臣秋山盛恭『農喩』出版
1830(文政13)	美濃国岩村藩、慶安の触書・『六諭衍義大意』出版
1830(天保元)	上野国沼田藩、慶安の触書を領内に伝達
1831(天保2)	美濃国岩村藩『農喩』出版
1833(天保4)	遠江国掛川藩、慶安の触書・『六諭衍義大意』・『農喩』出版
1834(天保5)	出羽国米沢藩、慶安の触書出版
	信濃国千村平右衛門預所、慶安の触書を領内に伝達
1835(天保6)	越後国椎谷藩、岩村藩版慶安の触書・『六諭衍義大意』を信濃国飛地に配布
1837(天保8)	備中国成羽知行所、慶安の触書・『六諭衍義大意』出版
1838(天保9)	幕府代官山本大膳、慶安の触書出版
1840(天保11)	筑前国秋月藩、慶安の触書の藩法引用を検討
1841(天保12)	信濃国中之条代官大原左近、慶安の触書を領内に伝達
1844(天保15)	江戸の本屋又助、慶安の触書・『町法被仰出書』出版不許可、写本没収
1848・50(嘉永元・3)	三河国吉田藩、慶安の触書・『六諭衍義大意』出版・伝達
1870(明治3)	上総国柴山藩、掛川藩版慶安の触書・『六諭衍義大意』配布
1878(明治11)	司法省『徳川禁令考』出版開始
1893(明治26)	内藤耻叟『徳川十五代史』出版、慶安の触書を削除
1895(明治28)	慶安の触書、『徳川禁令考』前聚に「諸国郷村江被仰出」と題して掲載

年には幕府代官山本大膳《やまもとだいぜん》が関東幕領に配布している。ついで一八四〇年、筑前国秋月藩において慶安の触書の採用が検討された。さらに一八四一年には、信州中之条代官大原左近が管轄地域に伝達している。それからやや間をおいて一八四八・五〇(嘉永元・三)年には、三河国吉田藩でも採用されているし、さらに下って一八七〇年(明治三)には、上総国柴山藩でも掛川藩版が再配布されている。配布形態は、木版本(掛川藩・米沢藩・椎谷藩・成羽知行所・山本大膳代官所・吉田藩)と書写本(沼田藩・千村平右衛門預所・大原左近代官所)に大別される。

こうしてみると、全国各地における慶安の触書の受容時期は、ほとんどが天保年間に集中していることがわかる。しかも天保の大飢饉と重なる一八三三〜三八年には、ほぼ連続して全国のどこかで採用されている。これは触書が、ほかでもない飢饉対策の一環として意義づけられていたことを暗示させる。興味深いのは、飢饉のガイドマニュアル『農喩』を、岩村藩以外に掛川藩でも配布していることである。また中之条代官大原左近が、慶安の触書を伝達した際に、村方から提出させた請書には、「去る申年以来諸国共凶作続き、米価高直《こうじき》にて諸民難儀に及ぶ」の一節が見られるし、米沢藩の慶安の触書後書にも「たとひ去る巳年のごとき凶作にあふとも、家々饑寒《きかん》の憂《うれい》有まじく候」と記されている。また沼田藩でも、触書伝達を担当したのは、間引きを防止するため設置された養育世話人であった。

天保の大飢饉は、一八三三年ごろから三六年あたりまでの前後四年間、断続的に日本各地を襲った飢饉である。そして飢饉のさなかの一八三六年には、甲斐国天保一揆▲（いわゆる郡内《ぐんない》騒動）や三河国加茂一揆▲といった一国規模の広域的民衆蜂起があるし、一八三七年には大坂において大塩平八郎が乱▲を起こしている。広域化した民衆蜂起は、明らかな幕藩権力に対する異議申し立てであり、飢饉はあくまでその端緒に過ぎない。飢饉の度合いだけでいえば、餓死者の数だけでも、天明の飢饉のほうが遥かに深刻であった。天保の飢饉は、飯米になるべき米が酒造にまわされたり、領内の飢餓よりも江戸への販売による利益を優先したりするような、いわば天災というより人災としての側面が顕著であった。そこにきて民心の変化である。天保期、もっといえば十九世紀の政治社会における幕藩領主が、民心を抑える手段として選んだのが慶安の触書だった。ここにはすでに過去のものとなった、ありうべき理想像としての村と百姓が描

▼**甲斐国天保一揆**　郡内騒動ともいう。一八三六年、米価高騰を原因として甲斐国全域に展開した広域的百姓一揆。五九九カ村もの村々が打ちこわしに参加した。幕府にとって軍事的要衝地である甲斐国で起きたため、幕府権力に大きな衝撃を与えた。

▼**三河国加茂一揆**　一八三六年、三河国加茂郡・額田郡の二四三カ村など一万数千名の百姓が起こした三河国最大の広域的百姓一揆。米価の引き下げを要求し、豪農らを打ちこわした。

▼**大塩平八郎の乱**　一八三七年、大坂町奉行所の与力であった大塩平八郎が、大坂で起こした挙兵事件。天保の飢饉に苦しむ民衆を救済するために挙兵したが、わずか一日で鎮圧された。

かれており、だからこそ現実の百姓たちを教化するのに幕藩領主が躍起となって触書を採用したのである。

採用する領主としない領主

慶安の触書を採用した幕藩領主には、ほかにも共通点がある。それは、林述斎もしくは岩村藩に縁のある、東日本の中小規模の幕藩領主たちが争って採用していることである。

たとえば触書を採用した沼田藩主土岐《とき》山城守頼功《よりかつ》は、林述斎の口利きで、信州飯田藩堀家から養子に迎えられた人物である。それから遠江国掛川藩の儒者には、林述斎の門下として佐藤一斎とならび称された松崎慊堂《まつざきこうどう》▲がいた。掛川藩では、『六諭衍義大意』と『農喩』も配布されており、岩村藩の手法に最も忠実に実施されている。それから千村平右衛門の知行地は岩村藩領に隣接し、信州伊那郡内の預所は同藩領に近接している。

東日本において顕著に採用されたという点からいえば、九州では、筑前国秋月藩黒田家が、一八四〇(天保十一)年に採用を検討している。従来、秋月藩で

▼松崎慊堂　一七七一〜一八四四年。近世後期の儒学者。肥後国の生まれ。林述斎に認められ門下生となる。掛川藩の藩校教授も務めた。

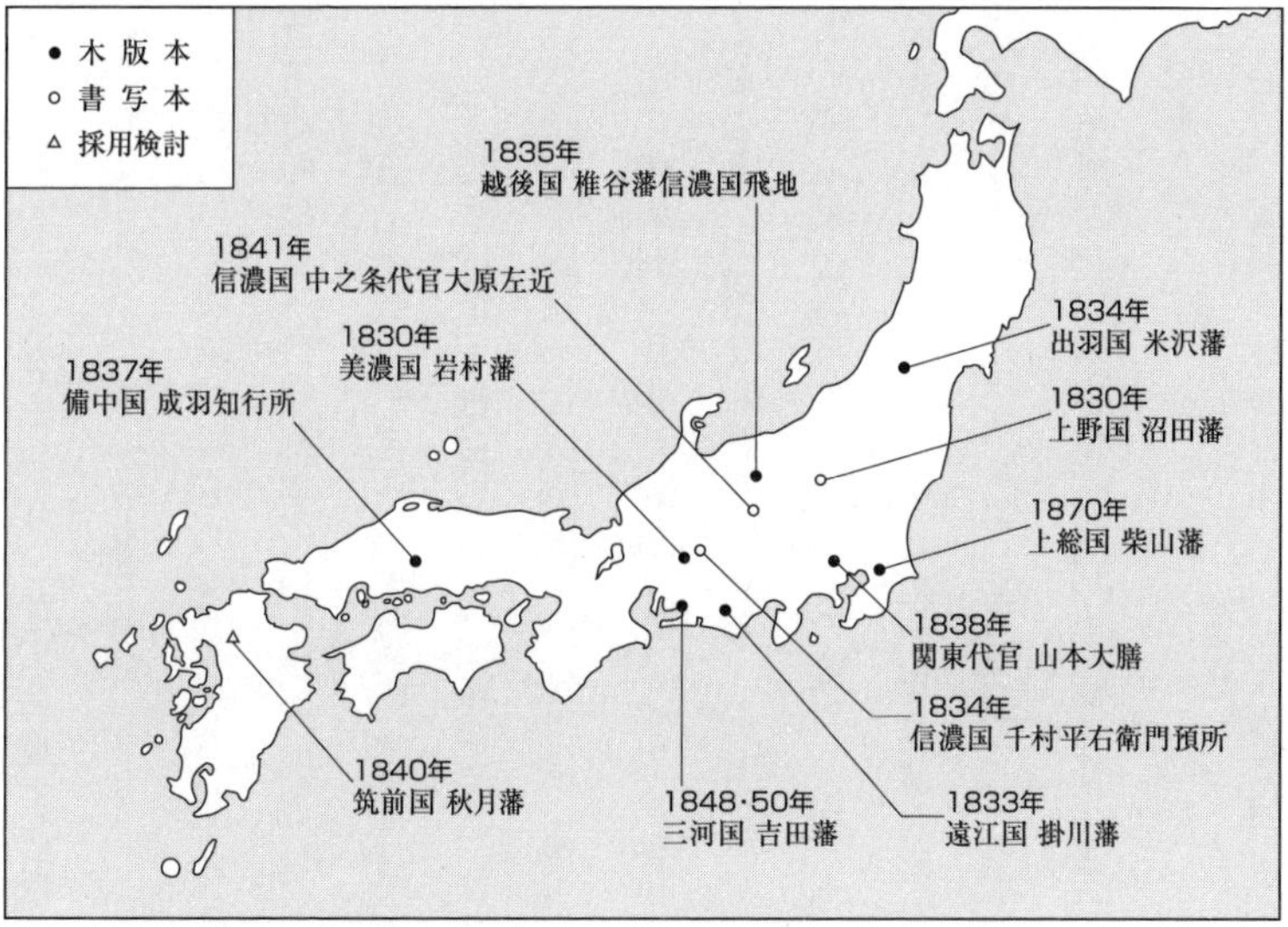
● 木 版 本
○ 書 写 本
△ 採用検討
1835年
越後国 椎谷藩信濃国飛地
1841年
信濃国 中之条代官大原左近
1830年
美濃国 岩村藩
1837年
備中国 成羽知行所
1834年
出羽国 米沢藩
1830年
上野国 沼田藩
1870年
上総国 柴山藩
1838年
関東代官 山本大膳
1834年
信濃国 千村平右衛門預所
1840年
筑前国 秋月藩
1848･50年
三河国 吉田藩
1833年
遠江国 掛川藩

●—慶安の触書受容幕藩領主分布

は、一八一六(文化十三)年、すでに慶安の触書を入手し、藩法に取り入れたといわれてきた。だがこうした事実はなく、一八四〇年に藩法への取り込みを計画しただけで実施には至らなかった。現実に採用した幕藩領主で、最も西に位置するのは、一八三七年の備中国成羽知行所である。

成羽知行所は、一六五八(万治元)年旗本交代寄合▲の山崎氏が五〇〇〇石を知行し、備中国川上郡成羽(現岡山県高梁市)に陣屋を構えたことに始まる。この一八三七年成羽知行所版慶安の触書は、奥書が簡略化され、書体や字配りは違うものの岩村藩版系統に属する。当時の領主山崎主税助義厚《やまざきちからのすけよしあつ》は、一八三五年養子となり、家督を相続している。そして一八三七年七月十六日、はじめて知行所のある備中国成羽に入部した際に、庄屋に慶安の触書と『六諭衍義大意』の二冊をプレゼントした。そして庄屋は惣百姓たちに上巳《じょうし》の節句(三月三日)と八朔《はっさく》▲(八月朔日)の年二回読み聞かせたようである。このように成羽知行所では、慶安の触書が年中行事慣行に巧みに埋め込まれ、儀礼的かつ象徴的に使用されたのである。

結局、成羽知行所を除くと慶安の触書を受容したのは、すべて東日本の幕藩

▼**交代寄合**　旗本でありながら、参勤交代するなど、万石以上の格式を有するものたち。幕府と特殊な由緒を持っていたり、特別な任務を帯びていたりする。

▼**八朔**　八月朔日におこなわれる年中行事。たのみの節句ともいう。もともと農村での稲の実りを祝う行事が、武家などの上層社会に及んだ。江戸幕府では、一五九〇年に徳川家康が関東入国した日とされ、正月とともに重要視された。

▼国持大名　江戸時代の大名分類のひとつ。国主ともいう。一国以上の大規模な所領を完全に有する大名＝本国持と、一国規模ではない大身の大名＝大身国持がある。

領主たちである。これは触書が、そもそも東日本において成立した性質上、西日本では適用しにくい内容だったことを暗示していよう。

そして採用に踏み切った領主は、いずれも所領規模の小さい者たちばかりで、国持大名▲クラスはほとんど採用していない。たとえば信濃国千村平右衛門預所・備中国成羽知行所・越後国椎谷藩信州飛地は、いずれも五〇〇〇石前後に過ぎない。そもそも美濃国岩村藩が三万石の譜代藩で、遠江国掛川藩・三河国吉田藩・筑前国秋月藩・上野国沼田藩にしても三万五〇〇〇〜六万石程度の中小藩である。なかでも椎谷藩の場合、岩村藩版をそのまま流用し、末尾に半紙一枚を付け加えただけのものである。半紙には「右壱冊は、美濃国岩村の御領主松平能登守乗美公の御蔵版なり、当御領内名主ども拝見仕り、農業の隙これある節、惣百姓へ読み聞かすべきもの也」と断り書きを入れている。

こうした譜代の小藩や旗本たちが触書を採用したのは、国持大名のように広域な国郡単位の支配をおこなうことがなく、岩村藩の手法を模倣することで相対的に弱体な統治機構を補完する意味があったと見られる。

ちなみに御三家のひとつ水戸藩では、同藩を代表する民政家である小宮山楓《こみやまふう》

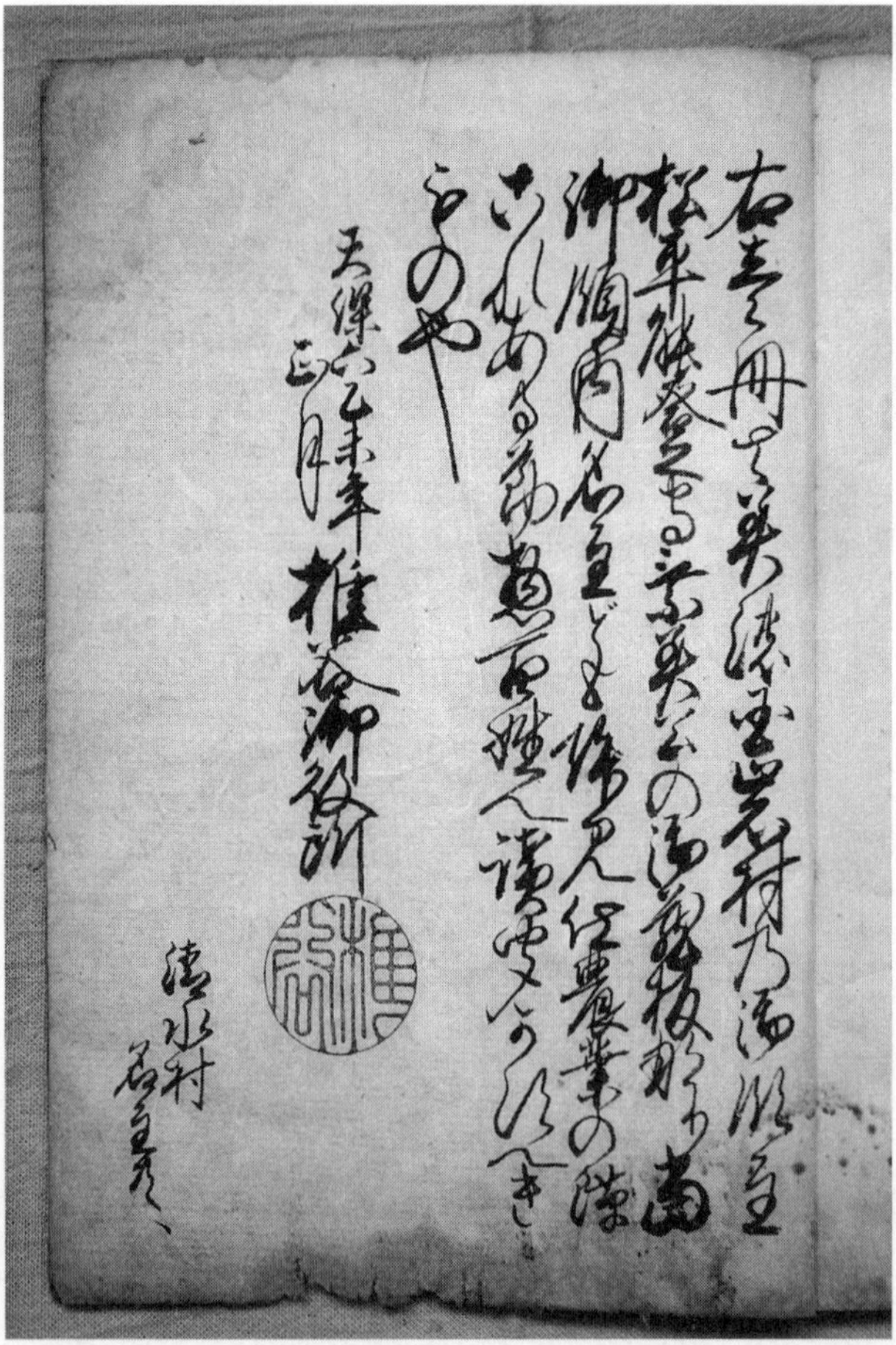

●—椎谷藩『慶安御触書』末尾

軒《けん》が一八三六年に岩村藩版を入手し、彰考館《しょうこうかん》▲には岩村藩版と「百姓身持之事」が収集されていたにもかかわらず、慶安の触書は採用されなかったのである。考えてみると、最初に慶安の触書の実在に疑問を呈したのは、水戸藩出身の内藤耻叟であったのは、単なる偶然と言い切れない。

もちろん唯一国持大名クラスとして出羽国米沢藩一五万石や、関東代官山本大膳のように、一〇万石を超える広域支配をおこなう事例もある。だが米沢藩は、上杉鷹山《うえすぎようざん》▲いらい民衆教諭に熱心なところである。また山本大膳は、甲斐国石和《いさわ》代官時代に一八二〇(文政三)年『教諭三章』▲を印刷したり、あるいは一八三八年『六諭衍義大意』や一八三六・三八年『五人組帳前書』を木版印刷するなど、印刷メディアによる民衆統治に力点を置いていた人物である。いわば積極的な触書の採用事例なのである。

営利販売を禁止された慶安の触書

岩村藩版慶安の触書が蔵版されると、全国の幕藩領主は、先を争うようにして採用していった。そのなかには、成羽知行所や米沢藩などのように、新たに

▼**彰考館**　一六五七年、『大日本史』編纂のために、徳川光圀が設立した水戸藩の修史局。最初、水戸藩駒込邸、ついで小石川邸に移り、また水戸にも置かれた。一八二九年には水戸に一本化された。

▼**上杉鷹山**　一七三四〜一八二二年。出羽国米沢藩主。実名は治憲。日向国高鍋藩主秋月種美の次男に生まれ、上杉家の養子となる。窮乏する米沢藩の藩政改革を主導し、藩校興譲館を設立するなど、名君の誉れが高い。

▼**教諭三章**　一八二〇年に、甲斐国石和代官山本大膳が出版した教訓書。親孝行や質素倹約などの諸徳目を三カ条にまとめてあり、近世後期における幕府代官の農民教化に対する基本姿勢がうかがえる。

版を起こしたところばかりでなく、椎谷藩のように岩村藩版を利用しているところもある。また岩村藩版を入手した幕藩領主はさらに多い。こうして領主層の間でベストセラーと化した慶安の触書に目をつけ、商品化しようとした本屋もいた。

それは江戸南伝馬町一丁目太右衛門店の頂恩堂こと本屋又助である。又助は、一八四四(天保十五)年八月、慶安の触書と『町法被仰渡書』の出版を願い出た。『町法被仰渡書』というのは、一七九一(寛政三)年に町入用削減を江戸の町々へ指示した幕府の通達書である。又助の出版願いは、写本を添えて、江戸町年寄館市右衛門を通じ、江戸北町奉行所へ提出された。ところが町奉行所の下した判断は「板行無用」、写本は没収という厳しいものであった。

どうして出版は禁止されたのか。興味深いのは、一八四四年という年次である。じつは天保改革の出版統制政策は、一八四一年十二月の株仲間解散令によって大きく変わっていた。それまで江戸の出版物の統制は、書物問屋仲間で選出した行事が点検する自主規制であって、判断のつかない場合のみ江戸町奉行所に伺い出ていた。ところが株仲間解散令により書物問屋仲間がなくなると、

▼**町法被仰渡書**　一七九一年、老中松平定信が、江戸の町入用の減額をはかるため、個々の費目にまでふみこんで逐一詳細に指示した三五カ条の仰せ渡し書。木版印刷された法令としては最も早いものに属する。

▼**出版統制政策**　江戸幕府の出版統制は、十七世紀後半以降、幾度も実施されている。とくに徳川家康をはじめとする歴代将軍についての取り扱いは厳重に規制された。天保期には、株仲間が解散され、幕府による直接的な検閲制度が導入された。

▼**行事**　仲間行事ともいう。書物問屋仲間の組織運営に携わる世話役。通町・中通・南の三組から二名ずつ選出され、二カ月ごとに交代した。

出版物規制の下部組織も消滅する。そこで江戸幕府は、直接の検閲制度と納本制度を採用した。出版を希望する本屋は、草稿を町年寄に差し出す。町年寄はそれを町奉行所に提出して、町奉行所で許認可をおこなう。許可が出れば、印刷物を一部町奉行所に納本する義務を負った。町奉行所は、部分的に検閲したものの、検閲の実務の大半を担当したのは、昌平坂学問所＝林家であった。

慶安の触書が世上に流布する契機は、一八三〇(文政十三)年美濃国岩村藩版であり、その背後に林述斎があった。このことを思い起こせば、一八四四年、江戸の本屋による慶安の触書出版を差し止めた背景には、ほかならぬ林家が関与し、不許可処分にした張本人は林家であることは疑いない。林家にとって慶安の触書は、民衆を教化するための法令であって、営利を目的とする書籍とは訳が違うのである。しかし印刷というメディアは、明らかに新しい段階に突入しつつあった。項を改めて考察してみよう。

▼廻状　領主の指示や法令を村から村へと伝達した書状形式の文書。廻状が伝達されると、村では判を押して、次の村に回送した。最後に受け取った村は、最初の村に返送しなくてはならなかった。

⑥——慶安の触書とメディアリテラシー

慶安の触書流布の背景

慶安の触書は、なぜこれほど短期間に日本各地へ伝わり、そして今日、一六四九(慶安二)年に全国へ周知された法令であると錯覚されるようになったのだろうか。その秘密は、慶安の触書が木版印刷によって配布されたことにある。そこでまず江戸時代の法令伝達機構について簡単に説明しておきたい。

単純化していえば、村方への通達の場合、幕府で作成された触書は、まず所管の代官所に伝達される。伝達された代官所では、廻状▲と呼ばれる文書を使って、村から村へと触書が伝えられていく。連絡のきた村では、村の代表者である名主が触書の写しを作り、御用留として保存する。そして名主は、一般の百姓たちが集まる寄り合いの席で、触書を読み聞かせ、法令の遵守を求める。このほかキリシタン禁制や一揆の禁止など広く人々に周知・徹底したい場合には、村の高札場に、高札を掲げて法令を伝えた。この方式は、村共同体の自治能力に依存しながら、名主などの村役人を通じて間接的に団体支配をおこなうもので、これを村請制《むらうけせい》と呼んでいる。この方法の欠点は、触書を村から村、人から人へと毛筆によって書写しながら伝えていくため、伝達の速度が遅く、また書き落としや写し間違いの危険性を常にともなったことである。それよりなにより個別の百姓掌握は、そもそも不可能であった。

ところが法令を、木版印刷というメディアを媒介にして伝達すれば、領主は、正確かつ迅速に、しかもより広汎に、その意志を貫徹することができる。この現代の私たちにはごく当たり前のことが、江戸時代では十九世紀にならなければ実現しなかったのである。そして法令、すなわち慶安の触書を印刷物にして、戸別に配布しようと考えたのが林述斎その人であった。

思うに現代社会は、知識や情報の伝達のために膨大な印刷物の大量配布をおこない、さまざまなメディアを通じて意志を疎通し、支配する側は言説を伝達し続けている。その点では現代の私たちこそ、慶安の触書の虚構に目を欺かれやすかったのである。そしてコンピュータに代表される電子メディアが浸透した今、慶安の触書の史料批判が進んだのも、時代を象徴しているといえよう。

寛政改革と松平定信、そして林述斎

しかし江戸幕府で、最初に木版印刷による法令配布を試みたのは、ほかでもない寛政改革を主導した老中松平定信そのひとであった。松平定信は、一七九一(寛政三)年、江戸の町入用《ちょういりよう》▲を削減するために、『町法被仰渡書』を発令した。一七九一年四月十五日、江戸町奉行所は、各組の年番名主全員と各町毎の地主・家主の代表各一名、それに南北小口肝煎《こぐちきもいり》▲五人を呼び出し、町入用減少を申し渡した。そして町入用減少高などを一人別に調査し、一町毎に集計して、来る六月晦日までに提出するように命じたのである。このときの具体的な入用削減に関する指示書が『町法被仰渡書』三五カ条である。このころ江戸では、一七九一年十二月、江戸町会所を設置し、翌九二年一月、七分積金▲制度による囲籾がようやく実現した。七分積金は、さきの『町法被仰渡書』によって節約させた町入用減額分のうち、七分を社倉＝囲籾の財源にあて、加えて備荒貯蓄のためだけでなく、同時に物価引き下げや質素倹約といった幕府の懸案事項を一挙に解決する改革の柱であった。このとき幕府は、『町法被仰渡書』を名主たちの世話により入用がかからないように出版させ、地主・家主には全員、地借・店

▼**町入用**　町の施設維持や行政運営上に必要な経費のこと。江戸では地主や家持町人が負担した。賦課方法には、坪割や軒割などがある。江戸では一七九一年に間口割が採用された。

▼**小口肝煎**　小口年番ともいう。小口とは、江戸の町奉行所に隣接した町組のうち、北の一・二番組、南の四番組を指す。町年寄や町奉行所から町触や申渡を受け取り、それを各名主組合へ伝達する役割を負った。

▼**七分積金**　『町法被仰渡書』によって減額された町入用の七分(七〇%)の積金。積金により、飢饉や非常時に備える囲籾をおこなった。

●—松平定信画像

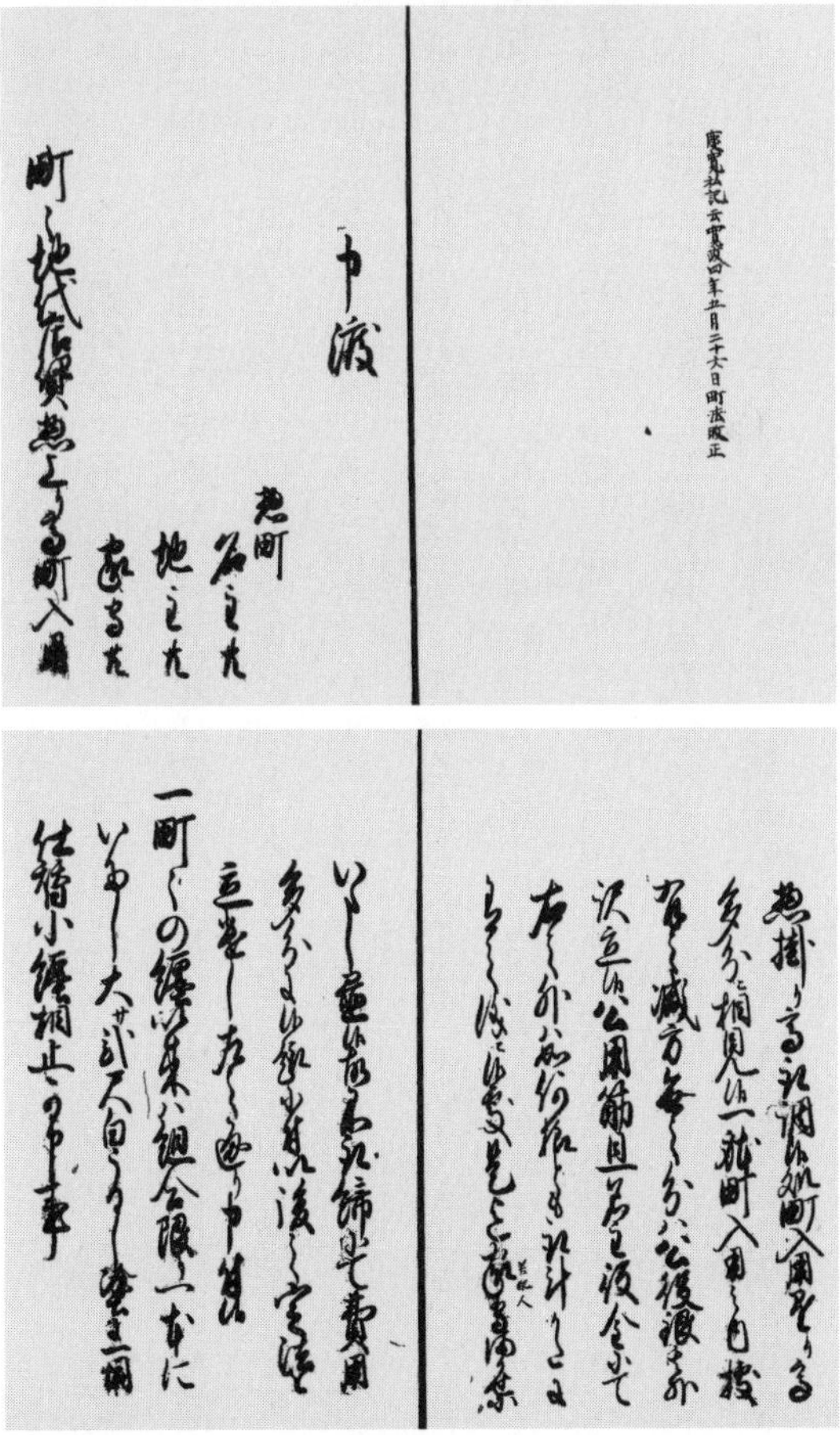

●—「町法被仰渡書」(『碧海淵璣』合綴)

借・裏屋の者にも希望があれば渡すように命じた。

しかし、この画期的な政策は、当初から江戸町奉行らに懸念されていた。なぜなら、定信の意志にしたがい、江戸市中の名主・地主・家主全員に戸別配布するには、最低三万五〇〇〇部が必要となる。そうなると町入用削減調査と集計の提出期限が六月晦日であるから、わずか二カ月半で印刷から配布、調査、集計まで、すべての作業をこなさなくてはならなくなる。しかも幕府側は、出版一切を自らおこなわずに町名主側に押しつけようとさえした。

これには町名主たちも抵抗した。まず江戸市中全体の地主・家主をあわせて四万人と計算して、板木屋に費用を見積もらせたところ、一冊あたり二六丁として半紙が五万二〇〇〇枚、紙代は二三一両余もかかる。たしかに個別町単位ではわずかな負担だが、全体となれば決して安いとはいえず、必要となる半紙も膨大である。なにより今から刷っていたのでは、時間と手間がかかってしまうし、半紙の大量発注は、かえって物価を引き上げることにもなり、改革の趣旨に反するのではないかと反論した。かわりに一町あたり二〜三冊の木版本を渡して、それを地主・家主に写し取らせるようにしたいと妥協案を提示したのである。

結局、最終的には、早々に出版することが優先で、一町に一冊頒布とし、それ以外は地主・家主各人に書写させ、地主・町役人・店々之者に熟読させることに決定し、五月四日に、一冊につき代銭五九文で有償頒布された。四月十五日の申し渡しから数えて二〇日余り後のことであった。

この『町法被仰渡書』の意義は、老中松平定信が法令を印刷によって伝達しようとしたことにある。しかし印刷を受容者側に押しつけたことに問題があった。とはいえ『町法被仰渡書』の試みは、つづく慶安の触書出版の先例の役割を果たすことになる。最初に述べたように、内藤耻叟が、岩村藩版慶安の触書と『町法被仰渡書』を、一緒に綴じていたのは、単なる偶然ではなく、両者が印刷配布された法令として画期的な意義を有していたことに気づいていたからだろう。

それだけではない。晩年の松平定信は、述斎による慶安の触書出版を知っていた可能性が高い。東京大学史料編纂所の林家本の中に、隠居後、楽翁と号した定信から述斎に宛てられた書簡をまとめた『花月余輝《かげつよき》』上下二冊がある。その下巻・著述書籍の年月未詳二十三日付け述斎宛て楽翁書状には、「領民彫刻いまだ出来申さざる事とのみ存じ候処、いつか出来安心いたし申し候」の一節がある。述斎が手がけ、定信が出版を待ち望んでいた「領民彫刻」とは、状況から考えて慶安の触書以外には考えられない。ちょうど定信は、一八三〇（文政十三）年の岩村藩版の出版と前後する一八二九年五月十三日に、七二歳でなくなっている。定信が述斎の才能を高く評価し、年齢差を超えて学問的に深く交流していたことから見て、この推測は十分に成り立つだろう。

明治国家と慶安の触書

明治時代にはいると、慶安の触書は活字化され、さらに一人歩きを始める。その代表が司法省編纂『徳川禁令考▲』である。『徳川禁令考』は、司法卿大木喬任《おおきたかとう》の命を受けて司法属菊池駿助《きくちしゅんすけ》▲が編纂に当たった江戸幕府法令集で、全一〇二巻の大部なものである。慶安の触書は、一八九五（明治二十八）年発行・前聚第五帙庶民の項に、一六四九（慶安二）年二月二十六日付け「諸国郷村江被仰出」の表題で収録されている。引用にあたり典拠となったのは、宮崎成身『教令類纂』である。ちなみに宮崎が、触書第一条「公儀御法度を恐れ」を「公儀御法度を怠

▼**徳川禁令考**　司法省が編纂した江戸幕府法令集。前聚と後聚をあわせて全一〇二巻から構成される。構成・分類・出典は、『教令類纂』にしたがうところが多い。最初は木版本だったが、一八九四〜九五年に活版印刷になった。

▼**菊池駿助**　生没年不詳。『徳川禁令考』の編纂を担当した司法省の吏僚。旧幕時代には昌平坂学問所に出仕。甲府徽典館《きてんかん》学頭、横浜修文館《しゅうぶんかん》学頭、学問所教授方を歴任した。

●――聖堂講釈図　聖堂での「稽古」のようす。林家の私塾であった聖堂は一七九七年に幕府直轄の学問所（昌平黌）となった。

り」とした誤記を、禁令考はそのまま受け継いで歴史的誤植へと昇華させ、いまだに一部の教科書では間違った引用を続けている。

慶安の触書が禁令考に収録されたのは、編纂担当者の菊池駿助が、元幕府の御家人で、幕府学問所教授方を務めた昌平黌ゆかりの人物だったからである。つまり禁令考は、明治政府の編纂物とはいえ、江戸幕府、端的には林家の多大な影響を受けていたわけである。そもそも一八三〇（文政十三）年に美濃国岩村藩版慶安の触書が世上に流布して以降、幕府法令として触書が登場したのであり、その仕掛け人が林述斎だったのだから、昌平黌の学統に属する菊池駿助が、慶安の触書に疑義の念を抱くことなどあるはずもない。そして『徳川禁令考』こそが、慶安の触書を全国幕令として定着させる最大の媒介項となった。禁令考は、明治政府、それも司法省の刊行物として活版印刷された。活版印刷は、それまでの木版印刷とは比較にならないほどの出版部数を可能にし、新政府の信用もあいまって瞬く間に流布したのである。

その反面、慶安の触書に対する疑問が表面化したのも明治時代である。最初の批判者である内藤耻叟は、発足当初の帝国大学文科大学のメンバーであった。

しかし、近代の史学史の中では忘れられた存在であった。内藤の著書『徳川十五代史』全一二編は、初代徳川家康から一四代徳川家茂までの歴代将軍の編年史である。その修史法は、年月日毎に片仮名混じりの綱文を設けて、さらに内藤の私見を適宜述べた按文を付け加え、典拠となる法令を抄出するというものである。特に叙述の大半は初代家康から三代家光までで占められている。だから『徳川十五代史』は、家光期までに関する限り、高い水準の実証研究といえる。それゆえにこそ内藤は、慶安の触書の幕府法としての実在には疑問を抱き、綱文から削除したのである。くわえて内藤が水戸学の系統に属し、林家からは距離があったこと、それに慶安の触書が世間で出回り始めた当時、同時代人としてすでに生きていたことが、批判者たりえた最大の理由である。

皇国史観と慶安の触書

では内藤の批判は、なぜ無視されたのだろうか。それは日本の近代歴史学がたどってきた過程に答えが隠されている。戦前、慶安の触書に注目が集まった時期がある。それはアジア太平洋戦争の最中である。東京帝国大学法学部教授

▼五人組法規集　日本各地に残る江戸時代の五人組帳前書を網羅的に収集した史料集。明治・大正期を代表する法律学者・穂積陳重が正編を、その子供の重遠が続編を編集した。隣組制度を設置する際の基礎史料の役割を果たした。

▼隣組制度　一九四〇年、内務省により設置された隣保組織。戦時下には大政翼賛会の指導下に置かれ、戦意昂揚、配給物資の事務、割当国債の消化、出征兵士の歓送、防空活動など、町内会の下部組織として機能した。

穂積重遠《ほづみしげとお》は、父陳重《のぶしげ》の五人組帳研究と史料の収集作業を受け継いで『五人組法規集▲』続編上・下二巻を出版した。穂積の研究は、一九四〇（昭和十五）年、内務省の訓令により全国に設置された隣組制度▲の範を、江戸時代の五人組制度に求め、戦時下の国家総動員体制の最末端組織として上意下達・相互監視の機能を果たした隣組制度を学問的に裏付ける役割を果たした。じつは今日研究に利用されている慶安の触書関連史料が発掘されたのがこの頃である。

たとえば一七八二（天明二）年の甲斐国巨摩郡亀沢村「百姓身持書」は、藤沢市文書館旧蔵「金沢甚衛《かなざわじんえ》収集史料」の一部である。金沢甚衛は戦前の内務官僚で、全国各地の五人組帳や宗門人別帳などの近世文書収集家である。その金沢が自ら編んだ所蔵目録には、「隣組の名は、内務省にあった私の名づけたものであり、後に戦争の協力者として、ＧＨＱからその廃止をＮＨＫによって、私自身、宣言するよう命じられた」と述懐されており、金沢の五人組帳収集は、単なる個人的趣味ではなく、内務官僚としての隣組制度創設のための参考史料だったことを裏付ける。

さらに市川雄一郎が一六六五（寛文五）年信濃国佐久郡牧布施村「勧農御触書」

●市川雄一郎

▼五人組前書集　市川雄一郎が謄写版印刷で発行した信州佐久地域の五人組帳前書集成。穂積陳重・重遠の『五人組法規集』の基礎となった。戦前の謄写版印刷のため良好な状態で現存するものが少ない貴重文献。

を紹介したのもこのころである。市川は、一八九一(明治二十四)年、長野県南佐久郡中込町に生まれている。一九一〇年、長野県師範学校を卒業と同時に、南佐久郡中込小学校訓導に採用され、以後一九四一年同郡平賀小学校校長を退職するまで、郡内の小学校訓導・校長を歴任した。市川と近世史研究の関わりは、一九二五(大正十四)年、南佐久教育会から郷土研究会委員を委嘱されたときからで、一六五〇(慶安三)年下桜井村五人組帳の発見もこの頃である。また信濃史学会の草創期からの会員でもあり、その機関誌『信濃』にも、佐久郡の近世史に関する論文をしばしば投稿している。そして一九四〇年には、孔版刷の私家版『五人組前書集』▲を出版し、佐久郡内の近世初頭の五人組帳前書を数多く紹介している。たとえば穂積重遠『五人組法規集』続編に収録された寛永期(一六二四〜四四)の五人組帳前書は、ほとんどが市川の著書からのものであり、重遠自身、同書の序文に協力者のひとりとして市川の名をあげているほどである。市川のこうした研究活動のなかで、一六六五年「勧農御触書」三五カ条は発見された。彼は、都市生活者の疎開農村における適応であるとか、戦時下の皇国食糧確保を近世農民の耐乏生活に学ぶといった論調で利用している。いってみれば、戦前における慶安の触書は、近代天皇制国家のもとで台頭した皇国史観の影響下に、人民支配や人心教化を示す材料として利用されたのである。

戦後歴史学と慶安の触書

ところが一九四五(昭和二十)年、日本の敗戦により、状況は一八〇度転換する。戦後歴史学は皇国史観の呪縛から解放され、天皇中心の非科学的歴史学から民衆中心の科学的歴史学へと脱却した。科学としての歴史学の理論的支柱がマルクス主義であり、史的唯物論であった。世界史の基本法則が研究テーマとなり、日本でも盛んに理論の適用が試みられた。安良城盛昭《あらきもりあき》に始まる太閤検地論争や、ほぼ同時期に議論された寄生地主論争も、その産物である。太閤検地論争は日本の封建制の成立を、寄生地主論争は日本の資本主義形成の途をいかに発展段階論に即して理解するかという論争である。

安良城は、太閤検地以前を奴隷制と規定し、検地により下人などの奴隷が小農民=農奴に自立し、封建制が確立すると理解した。いわゆる小農自立論である。当時小農自立論があれほどまでに注目されたのは、太閤検地の向こうに戦後の農地改革を見通していたからである。慶安の触書が理想とする夫婦二人暮らしの百姓は、ほかでもない寄生地主から解放された自作農そのものだった。このとき封建制下の村は、封建領主の過酷な年貢収奪と共同体規制にがんじがらめにされたマイナス面が強調された。そしてそれとは対照的に、農地改革による戦後民主主義のプラス面を際だたせたのである。

こうした戦後の近世史研究の成果を反映するかのように、慶安の触書は、歴史教科書に登場する。現在、わたしたちが江戸時代の村と百姓の実像を考えるとき、慶安の触書によって日常生活の細部にいたるまで干渉された農民統制が思い浮かぶのはそのせいなのである。いってみれば戦後の歴史教科書こそ、慶安の触書を、江戸時代で最も有名な法令にした立役者なのである。

二十一世紀の慶安の触書

以上述べてきたように、慶安の触書は、一六四九(慶安二)年に幕府が出した法令ではなかった。かといって後世の創作物では決してない。もともとは十七世紀半ば、甲州から信州にかけて流布していた地域的教諭書「百姓身持之事」を源流にして、一六九七(元禄十)年に甲府徳川藩領において改訂のうえ発令された「百姓身持之覚書」が本当の姿である。この「百姓身持之覚書」が、十九世紀半ばに幕府学問所総裁林述斎の手によって、一六四九年の幕府法令「慶安御触書」として岩村藩で出版され、全国に広まる。これこそ、今日慶安の触書が幕府法と誤認される最大の原因である。

こうしてみると慶安の触書は、時代に応じてさまざまに解釈されてきた。いわば慶安の触書は、時代を映す鏡のようなものである。では二十一世紀の日本の歴史教育において、慶安の触書はいったいなにを映し出すのだろうか。

二〇〇二(平成十四)年の公立学校完全週五日制の導入、教科内容の三割削減、そして新たに設けられた総合学習の時間と、教育現場は大幅に変わりつつある。すでにわたしたちを取り巻く社会環境は、五〇年前とは大きく変貌しているのである。そろそろ慶安の触書を読み替え、江戸時代の村落像の再構成が必要な時期だと思う。しかしその作業については、慶安の触書に関するさらなる史料発掘とあわせて、これからの宿題にしておきたい。

20	耕作の上手な人に聞いて、それぞれの田畑にふさわしい種を蒔くようにせよ。
21	場所にはよるけれども、二毛作のできそうなところを少しでも見立てること。
22	春と秋にはお灸をして、病気にかからないようにすること。
23	たばこは食べ物にもならず、病気のもとになり、さらに火の用心にも悪いので呑まないこと。
24	年貢を出すには反取りと厘取りがある。できるだけ耕作に精を出し、収穫を多くすること。
25	年貢を皆済するときは、わずかな米に詰まって困らないように、早めに納入すること。
26	年貢が足りないからといって、むやみに米を高利で借りないこと。身代をつぶし妻子を売る羽目になる。
27	山には山の、浦には浦の稼ぎがある。毎日油断なく身を惜しまず働くこと。
28	山や浦には人口も多く、山では薪や材木、柑類を売ったり、浦では塩を焼いたり、魚を捕ったりして商売になる。だが分別なく無駄に遣うと、飢饉の時は里方よりも苦労するから気を付けること。
29	独身の百姓が田畑の耕作の暇がなかったり、地頭や代官所の役儀に追われて大変な時は、五人組や惣百姓などで助けること。
30	夫婦二人暮らしで、身上のならないものでも、米や金をたくさん持つようになれば、名主やおとな百姓も大切にしてくれるのだから、身持ちを良くすること。
31	一村のうちで身持ちを良くして身上を持ち上げるものがいれば、皆その真似をして、郷中だけでなく、一郡・一国さらに隣国までも豊かになる。地頭は替わるものだが、百姓は末代までその所の名田を頼りにするのだから、身持ちを良くすること。
32	親によくよく孝行をすること。兄弟は仲良くすること。そうすれば仏や神様のお恵みがあり、収穫も良くなる。このように毎日毎夜心がければ、身持ちも良くなる。天下泰平の世の中なのだから年貢さえすませば百姓ほど心安いものはない。よくよく身持ちをよくして稼ぎなさい。

●—慶安の触書条文概要一覧

1	公儀御法度を守り、地頭・代官をおろそかにせず、名主・組頭を真の親と思うべきこと。
2	名主・組頭は、地頭・代官を大切に思い、小百姓に侮られないように身持ちを大切にすること。
3	名主の心持ちは、依怙贔屓をせずに、小百姓を懇ろにせよ。
4	耕作に精を入れ、田畑の植え方を入念にして、草の生えないようにせよ。
5	朝起きをして草を刈り、昼には田畑の耕作、晩には俵や縄を作り、油断なく仕事をせよ。
6	酒や茶を買って飲んではならない。妻子も同様である。
7	里方の村は屋敷の周りに竹や木を植え、薪を買わないようにせよ。
8	いろいろな種を秋の初めに念入りに選んでおくこと。
9	正月11日前に鍬の先掛けと鎌の打ち直しをせよ。
10	百姓にとって肥灰は大切なものなので、雪隠を広く作ること。
11	分別なく米や雑穀を妻子に食べさせないこと。飢饉のことを思えば、大豆や小豆の葉、いもの落葉も無駄にしてはいけない。
12	家主・子供・下人まで、普段は粗末な食事にすること。田起こしや田植えの時はいつもより良い食事にせよ。
13	なんとかして良い牛馬を持つこと。良い牛馬ほど良く肥を踏むものである。
14	男は作を稼ぎ、女は夕なべをして稼ぐこと。みめかたちの良い女房でも、大茶を飲み、物参りや遊山好きなものは離縁せよ。みめかたちが悪くても、夫を大切にする女房は懇ろにせよ。
15	得体の知れない牢人を郷中に抱え置かないこと。夜盗や御法度に背くいたずらものを隠し置いてはいけない。
16	百姓の衣類は、布・木綿のほかは、帯や着物の裏にしてもいけない。
17	少しは商い心を持ち、身上を持ち上げるようにせよ。
18	田畑を多く持たないものは、子供を人にくれるか、奉公に出すこと。
19	屋敷の前の庭をきれいにして、脱穀など農作業をしやすくすること。

●—写真所蔵・提供者一覧(敬称略, 五十音順)

青木源・長野県立歴史館(複製蔵・写真提供)　　カバー表
秋山公雄　　p. 25上・中
市川雄一郎『佐久地方江戸時代の農村生活』より転載　　p. 86
岩村町　　p. 51上
個人蔵　　p. 17
個人蔵・岐阜県歴史資料館(寄託)　　p. 51下右, p. 59
小林暢雄　　p. 72
佐藤操・黒羽町芭蕉の館(写真提供)　　p. 47下
(財)斯文会　　p. 61下
鈴木博・栃木県立文書館(寄託・写真提供)　　p. 47上
東京大学経済学部図書館　　p. 25下
東京大学史料編纂所　　カバー裏, p. 61上, p. 83
東京都公文書館　　p. 6, p. 79下
東北大学附属図書館　　p. 47中
徳川林政史研究所　　扉
福島県立博物館　　p. 79上
保坂祐夫　　p. 15
(財)松浦史料博物館　　p. 51下左
著者(写真提供)　　p. 25, p. 51下右, p. 59, p. 72

製図：曾根田栄夫

④—美濃国岩村藩慶安の触書出版とその歴史的意義
今田洋三「筆禍と出版機構」『国文学』42巻11号, 1997年
東恩納寛惇『東恩納寛惇全集』8巻, 第一書房, 1980年

⑤—全国に広がる慶安の触書
藤田覚『天保の改革』吉川弘文館, 1989年
松崎欣一「『慶安御触書』の諸本について」『日本歴史』423号, 1983年

⑥—慶安の触書とメディアリテラシー
藤實久美子『武鑑出版と近世社会』東洋書林, 1999年
藤田覚『松平定信』中公新書, 1993年

●―参考文献

山本英二「『慶安御触書』成立試論」『山梨県史研究』2号, 1994年

山本英二『慶安御触書成立試論』日本エディタースクール出版部, 1999年

山本英二「いわゆる『慶安御触書』をどう扱うか」『歴史地理教育』608号, 2000年

山本英二「天保五年信濃国千村預所『慶安御触書』について」『信濃』54巻7号, 2002年

①―研究史の中の慶安の触書

榎本宗次「『慶安御触書』考」『歴史評論』106号, 1959年

金井圓「史料解説慶安御触書」『歴史教育』4巻10号, 1956年

神崎直美「『慶安御触書』再考」『古文書研究』39号, 1994年

丸山雍成「『慶安御触書』論の推移とその存否をめぐって」『近世近代史論集』吉川弘文館, 1990年

②―慶安の触書の源流

朝岡康二『鍛冶の民俗技術　増補版』慶友社, 2000年

関根省治「『百姓身持之事』の地域性」『新・史潮』48号, 2000年

③―謎が謎を呼ぶ別本「百姓身持之事」

市川雄一郎『江戸時代佐久地方の農村生活』市川雄一郎先生遺稿刊行会, 1955年

岡光夫ほか編『叢書近代日本の技術と社会1　稲作の技術と理論』平凡社, 1990年

岡光夫「耕地改良と乾田牛馬耕 ― 明治農法の前提」永原慶二ほか編『講座日本技術の社会史1　農業・農産加工』日本評論社, 1983年

神崎直美「慶安御触書と農民教諭書 ― 黒羽藩『百姓身持教訓』を中心に」『歴史手帖』24巻11号, 1996年

塚本学『生きることの近世史』平凡社選書, 2001年

中井信彦『幕藩社会と商品流通』塙選書, 1961年

森銑三『森銑三著作集』8巻, 中央公論社, 1971年

日本史リブレット 38
慶安《けいあん》の触書《ふれがき》は出《だ》されたか
2002年7月25日　1版1刷　発行
2019年9月25日　1版5刷　発行
著者：山本英二《やまもとえいじ》
発行者：野澤伸平
発行所：株式会社 山川出版社
〒101－0047　東京都千代田区内神田1－13－13
電話　03(3293)8131(営業)
　　　03(3293)8135(編集)
https://www.yamakawa.co.jp/
振替　00120-9-43993
印刷所：明和印刷株式会社
製本所：株式会社 ブロケード
装幀：菊地信義

Printed in Japan ISBN 978-4-634-54380-5

日本史リブレット　第Ⅰ期［68巻］・第Ⅱ期［33巻］　全101巻

1 旧石器時代の社会と文化
2 縄文の豊かさと限界
3 弥生の村
4 古墳とその時代
5 大王と地方豪族
6 藤原京の形成
7 古代都市平城京の世界
8 古代の地方官衙と社会
9 漢字文化の成り立ちと展開
10 平安京の暮らしと行政
11 蝦夷の地と古代国家
12 受領と地方社会
13 出雲国風土記と古代遺跡
14 東アジア世界と古代の日本
15 地下から出土した文字
16 古代・中世の女性と仏教
17 古代寺院の成立と展開
18 都市平泉の遺産
19 中世に国家はあったか
20 中世の家と性
21 武家の古都、鎌倉
22 中世の天皇観
23 環境歴史学とはなにか
24 武士と荘園支配
25 中世のみちと都市
26 戦国時代、村と町のかたち
27 破産者たちの中世
28 境界をまたぐ人びと
29 石造物が語る中世職能集団
30 中世の日記の世界
31 板碑と石塔の祈り
32 中世の神と仏
33 中世社会と現代
34 秀吉の朝鮮侵略
35 町屋と町並み
36 江戸幕府と朝廷
37 キリシタン禁制と民衆の宗教
38 慶安の触書は出されたか
39 近世村人のライフサイクル
40 都市大坂と非人
41 対馬からみた日朝関係
42 琉球の王権とグスク
43 琉球と日本・中国
44 描かれた近世都市
45 武家奉公人と労働社会
46 天文方と陰陽道
47 海の道、川の道
48 近世の三大改革
49 八州廻りと博徒
50 アイヌ民族の軌跡
51 錦絵を読む
52 草山の語る近世
53 21世紀の「江戸」
54 近代歌謡の軌跡
55 日本近代漫画の誕生
56 海を渡った日本人
57 近代日本とアイヌ社会
58 スポーツと政治
59 近代化の旗手、鉄道
60 情報化と国家・企業
61 民衆宗教と国家神道
62 日本社会保険の成立
63 歴史としての環境問題
64 近代日本の海外学術調査
65 戦争と知識人
66 現代日本と沖縄
67 新安保体制下の日米関係
68 戦後補償から考える日本とアジア
69 遺跡からみた古代の駅家
70 古代の日本と加耶
71 飛鳥の宮と寺
72 古代東国の石碑
73 律令制とはなにか
74 正倉院宝物の世界
75 日宋貿易と「硫黄の道」
76 荘園絵図が語る古代・中世
77 対馬と海峡の中世史
78 中世の書物と学問
79 史料としての猫絵
80 寺社と芸能の中世
81 一揆の世界と法
82 戦国時代の天皇
83 日本史のなかの戦国時代
84 兵と農の分離
85 江戸時代のお触れ
86 江戸時代の神社
87 大名屋敷と江戸遺跡
88 近世商人と市場
89 近世鉱山をささえた人びと
90 「資源繁殖の時代」と日本の漁業
91 江戸の浄瑠璃文化
92 江戸時代の老いと看取り
93 近世の淀川治水
94 日本民俗学の開拓者たち
95 軍用地と都市・民衆
96 感染症の近代史
97 陵墓と文化財の近代
98 徳富蘇峰と大日本言論報国会
99 労働力動員と強制連行
100 科学技術政策
101 占領・復興期の日米関係